Für Eva

Thomas Burgstaller

Tarock zu zweit

Nach der „Alfanzerei"-Methode sowie nach allen gängigen Regeln

für Anfänger und Fortgeschrittene

Autor: Thomas Burgstaller
Fotos: Bernhard Müller
Models: Alice Wanner, Doris Vejdovszky
Korrektorat: Sabina Lorenz
Technische Assistenz: Lorenz Breier

Verlag: Buchschmiede von Dataform Media GmbH, Wien
ISBN: 978-3-99057-951-0
Printed in Austria

Die Erläuterungen und Tipps in diesem Buch sind vom Autor sorgfältig erhoben und geprüft worden, dennoch kann keine Garantie übernommen werden.

Aus Gründen der besseren Lesbarkeit wird auf die gleichzeitige Verwendung männlicher und weiblicher Sprachformen verzichtet. Sämtliche Personenbezeichnungen gelten selbstverständlich für beiderlei Geschlecht.

Inhaltsverzeichnis

Einleitung

Da saßen wir zwei nun: Sonne, Strand, Palmen, das W-LAN war kaputt und im Fernsehen war nichts Aufregendes. *„Es muss doch ein Spiel geben, das man zu zweit spielen kann, ohne, dass es fad wird.“*, sprach sie. Das war der Stein des Anstoßes.

Wir probierten allerlei Spiele und landeten schließlich beim Tarock. Dieses Spiel faszinierte uns: es war die richtige Mischung aus Taktik und Schnelligkeit. Im Laufe der folgenden Jahre sammelte sich Literatur aller Art über das geniale Spiel an. In Internetforen stießen wir auf Spielarten, die zwischen dämlich und hochintellektuell anzusiedeln waren; in antiquierten und neuen Büchern lasen wir über allerlei Regeln und Zählweisen. Doch grundsätzlich ist Tarock ein Spiel für vier oder drei Spieler. Tarock für nur zwei Personen war - und ist - ein Stiefkind, eine laut der Literatur mehr oder weniger langweilige, monotone Variation mit nur wenigen

Spielmöglichkeiten, in Fachbüchern höchstens ein Kapitel wert, manchmal mit dem Zusatz, nur dazu gut zu sein, die Grundregeln und Zählweise kleinen Kindern beizubringen. Also bauten wir um, variierten, adaptierten, probierten und improvisierten - bis unsere eigene, nicht langweilige Spielart für zwei Personen geboren wurde.

Doch bei puristischen Tarockspielern stießen wir auf Unverständnis. „Das ist kindisch!“, waren die Reaktionen, „Wenn du so spielen willst, gehe ich gleich!“ oder „Das ist Betrug!“ waren noch die nettesten Kommentare.

Jedoch reagierten Menschen, die vorher noch nie Tarock gespielt hatten, gänzlich anders: „Jetzt kaufe ich mir auch Tarockkarten!“, „Endlich ein Spiel, das ich mit meiner Frau spielen kann!“ , „Das ist wie Bauernschnapsen zu zweit!“.

Weil unsere Spielart derart unorthodox, aber lustig ist, benannten wir sie, auf Anraten einer lieben Freundin und begeisterten Spielerin, „**Alfanzerei**“: Betrug und Schwindel für die einen, possenreißerische und kindische Gaukelei für die anderen. Denn das ist die

Hauptsache eines gelungenen Tarockabends: Spaß und Freude.

Übrigens ist heute das erste, was wir in unseren Urlaubskoffer einpacken, das Päckchen Tarockkarten.

Damit kein „klassischer Spieler" allzusehr beleidigt wird, gibt es im Anhang sämtliche „klassische" Spielmethoden des Tarocks für zwei Spieler, sodass eine möglichst vollständige Kompilation gängiger Spielregeln für die Nachwelt aufbewahrt werden kann und die Tarockspielart zu zweit aus dem Schattendasein eines Zusatzkapitels gehoben wird.

Kapitel 1: Die Spielkarten

Ein Päckchen Tarockkarten besteht aus 54 Karten. 32 Karten sind Farbkarten mit den 4 Farben Herz, Karo, Pik und Treff.

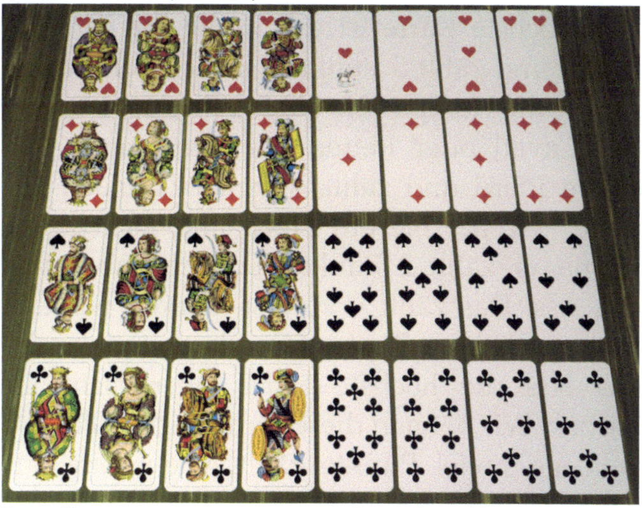

Im Gegensatz zu normalen Spielkarten, wie zum Beispiel Pokerkarten, gibt es einige Unterschiede: Es gibt eine zusätzliche Figur in allen vier Farben, die ein Reiter ist und „Cavall" genannt wird. Und es gibt auch keine vier Assen, sondern nur zwei! Für den Anfänger ist das verwirrend. Aber das Wirrwarr bekommt eine Ordnung, wenn wir uns die Farbkarten nach der Wertung aufreihen, zum Beispiel die Herzen:

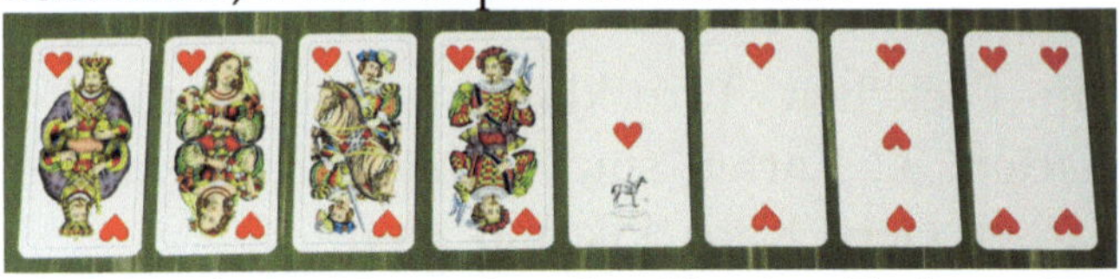

Die Höchste Karte ist der König. Er hat eine Krone und zählt 5 Punkte. Danach kommt die Dame, die Königin, sie zählt 4 Punkte. Danach der Cavall oder Reiter: der sitzt immer auf einem Pferd und zählt 3 Punkte. Danach der Bube, der hat nie ein Pferd und auch keine Krone, er zählt 2 Punkte. Danach haben wir das Ass. Das zählt - vorerst merken wir uns das so - keinen Punkt. In anderen Spielen ist das Ass die höchste Karte, aber nicht im Tarock. Wir nennen diese Karte auch „Glatze“, weil sie soviel Punkte zählt, wie Haare auf einer Glatze sind, nämlich keinen. Danach kommen die 2, 3 und 4 in dieser roten Farbe. Auch das sind „Glatzen“, aber für unsere Spielmethode brauchen wir sie nicht, also am besten ist es, du sortierst die Herz 2, 3 und 4 gleich aus. Dasselbe gilt auch für die Karo Karten - sortiere die Karo 2, 3 und 4 auch gleich aus.

Ein Herz König hat nicht nur 5 Punkte, es ist auch die höchste Herzkarte und kann alle anderen Herz stechen. Die Dame ist die zweithöchste Karte, sie kann den Cavall, Buben und das Ass stechen, aber die Dame kann vom König gestochen werden. Der Cavall ist die dritthöchste Karte, er kann zwei Karten stechen und von zwei gestochen werden. Und das Herz Ass ist die niedrigste, die kann gar keine Herzkarte stechen. Dasselbe gilt auch für die Karo Karten.

Sehen wir uns jetzt die Pik Karten an:

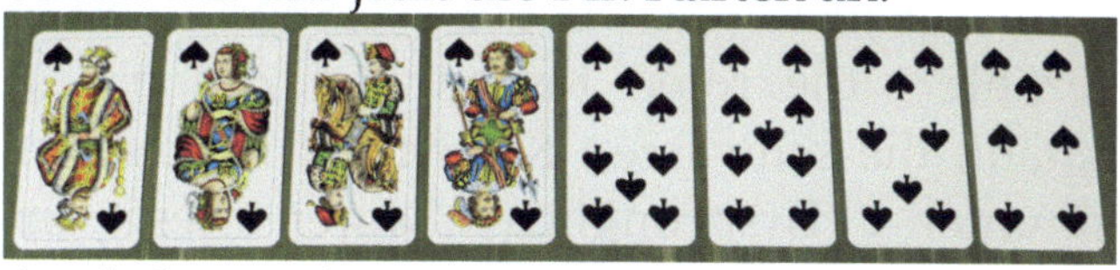

Auch hier gilt: König - 5 Punkte, das ist die Höchste, Dame - 4 Punkte, Cavall oder Reiter - 3 Punkte, Bube - 2 Punkte. Danach kommt der Pik Zehner: Das ist unsere Glatze, die wir brauchen. Sie zählt - erraten - ebenfalls keinen Punkt und kann auch keinen Stich machen. Danach kommen Pik 9, 8 und 7: die sortieren wir gleich für unsere Spielmethode aus, diese drei braucht du nicht. Nach dem gleichen

Schema werden die Treff Karten 9, 8 und 7 aussortiert.

So, jetzt haben wir bei den Farbkarten schon eine Ordnung gemacht. Wenn du es richtig gemacht hast, sind jetzt 12 Karten aussortiert. Du wirst dich jetzt aber fragen, wieso einmal – bei den roten Karten – die Assen, und ein anderes mal – bei den schwarzen Karten – die Zehner Glatzen, also Nullerkarten sind. Wieso gibt es nicht vier Assen oder vier Zehner? Das kommt wegen der alten Zählweise. Tarock ist ein wirklich altes Spiel, und bis vor ca. 500 Jahren haben die Leute verkehrt herum gezählt – die roten Karten von Ass bis 10 hinauf, die schwarzen Karten von 10 bis Ass hinunter. Ursprünglich waren es im Tarockspiel noch mehr Karten als die Heutigen! Aber im Laufe der Jahrhunderte hat man die unnötigen Karten weggelassen, und so ist diese seltsame Kartenreihung erhalten geblieben. Keine Sorge: Für unser Spiel merkst du schnell, welches die wertlosen Glatzen sind – rote Assen und schwarze Zehner!

Sehen wir uns jetzt die seltsamen anderen Karten mit den römischen Ziffern an. Das sind die Trumpf- oder Atoutkarten. Trumpf ist also niemals eine der 4 Farben Herz, Karo, Pik oder Treff, sondern eine eigene, fünfte Farbe. Die nennt man die „Tarockkarten“, und nach denen ist das Spiel benannt:

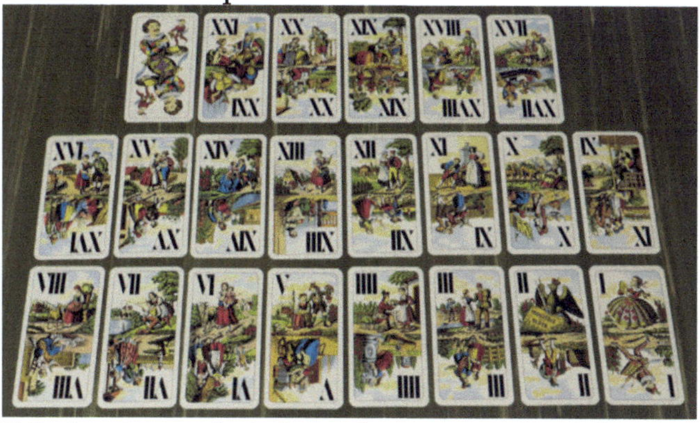

Wir beginnen bei der seltsamen Karte, die wie der Jolly Joker aussieht. Sie hat als einzige keine römische Ziffer. Sie heißt „**Sküs**“ oder, im Dialekt, „**Gstieß**“. Wenn du mit einem geübten Tarockspieler spielst, merke dir, dass du sie auf KEINEM FALLE „JOLLY“ NENNEN DARFST! Puristische Tarockspieler werden sehr wütend und reagieren im Normalfall sehr ausfallend, wenn du das tust. Ich habe da Reaktionen erlebt, die nicht druckreif sind. (Das ist auch einer der Gründe, warum die Tarockspieler bis heute so einen seltsamen Ruf haben.) Jede dieser Spielkarten hat eine eigene Geschichte, so auch diese: Früher hatte diese Karte eine andere Bedeutung als heute, und wenn man sie ausspielte, entschuldigte man sich mit den französischen Worten: „Excusez!“. Daraus entstand das „Sküs“ und daraus der „Gstieß“. Heute ist diese Karte die **allerhöchste Tarock-Karte** und zählt 5 Punkte. Diese Karte musst du dir merken, sie ist wichtig! Sie kann alle anderen Karten, auch die Farbkarten, stechen!

Danach kommt die XXI. Sie ist die zweithöchste Tarockkarte und heißt im Volksmund „der **Mond**“. Bei den gebräuchlichen Kartendecks ist auch wirklich ein Mond zu sehen. Das ist aber auch so eine Geschichte, woher dieser Name kommt: ursprünglich hieß diese Karte auf französisch „le monde“, also eigentlich „die Welt“. Nicht jeder konnte französisch, also veränderte sich die Bedeutung, bis die Kartenhersteller wirklich einen Mond darauf abbildeten, sodass alles passte. Merke dir diese Karte! Sie ist die **zweithöchste Tarock-Karte**, zählt 5 Punkte und ist daher wichtig!

Danach kommen die Karten XX bis II. Sie zählen alle nur 1 Punkt.

Sieh dir jetzt die letzte Karte, den I an. Diese Karte nennt man „**Pagat**“. Sie sieht ein bisschen aus wie ein instrumentenspielender Jolly und eine weibliche Jolline mit einem römischen Einser. Merke sie dir, sie ist ebenfalls sehr wichtig. Du wirst diese Karte sehr oft brauchen. Der Name kommt vom italienischen „begato“ oder „bagatella“ (=Kleinigkeit) Sie ist die **kleinste Tarock-Karte** und kann von allen anderen Tarockkarten gestochen werden! Aber die Farbkarten kann sie stechen. Trotzdem sie die kleinste Tarock ist, zählt sie 5 Punkte. Seltsam? Aber so steht es geschrieben...

So, jetzt musst du, um nach unserer „Alfanzerei“-Methode zu spielen, etwas sehr Ungewöhnliches machen: du *sortierst die V und VI aus.*

Vorsicht: Für einen geübten, puristischen Tarockspieler ist das Aussortieren der Farbkarten, besonders aber der V und VI eine überaus schwere Beleidigung! Sie werden dir sagen, dass man die II und III aussortieren muss und irgendetwas über „Zwanzigerrufen“ erzählen, einige wiederum werden dir sagen, dass man gar keine aussortieren soll und irgendetwas über „Königrufen“ erzählen! Die Reaktionen werden in diesen Punkt bei schweren Unverständnis beginnen und in groben Beleidigungen enden! Wenn dies der Fall ist, lies das Buch bis zum Ende und spiele nach einer der klassischen Methoden; wenn du das nicht willst, dann sage ganz einfach, dass ich, der Autor, schuld sei, dass das die „Alfanzerei“ ist und zeige demjenigen dieses Buch! Wenn derjenige jedoch nicht aufhört zu stänkern, dann spiele einfach mit jemand anderen, der Spaß versteht. Du musst wissen: Das Tarockspiel hat eine sehr lange Tradition, auch eine Tradition des Quatsches, des Verballhornens und des Kalauers, aber eine neue Tradition einzuführen ist nicht immer von begleitenden Freundlichkeiten gesegnet! Bei einigen wenigen Tarockspielern muss der Spaß erst hundert Jahre alt sein, damit sie ihn verstehen.

So, jetzt sehen wir uns diese drei besonderen Tarockkarten an:

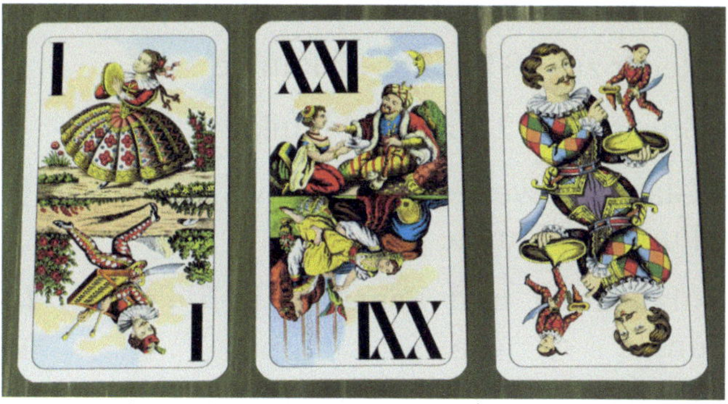

Diese drei besonderen Karten mit diesen besonderen Namen, der Pagat, der Mond und der Sküs (nicht Jolly!) zählen 5 Punkte. Alle anderen Tarockkarten zählen nur einen Punkt. Und wenn du alles richtig gemacht hast, hast du genau 20 Tarockkarten und 20 Farbkarten. Im aussortierten Päckchen liegen jetzt V und VI, sowie die schwarzen 9, 8 und 7 sowie die roten 2, 3 und 4, und alle diese kannst du vergessen. Mit den übrigen 40 Spielkarten wird gespielt.

Nimm jetzt die Spielkarten, und wir zählen alle Punkte zusammen:

4 Könige zu je 5 Punkte: 20 Punkte

4 Damen zu je 4 Punkte: 16 Punkte

4 Reiter zu je 3 Punkte: 12 Punkte

4 Buben zu je 2 Punkte: 8 Punkte

4 Glatzen (zwei Assen und zwei Zehner) zu je 0 Punkte: 0 Punkte

Sküs, Mond und Pagat zu je 5 Punkte: 15 Punkte

17 Tarock zu je 1 Punkt: 17 Punkte

Macht in Summe: 88 Punkte.

Wenn wir jetzt Tarock nach der Alfanzerei-Methode spielen, wollen wir gewinnen, das heißt, mindestens einen Punkt mehr als die Hälfte haben. Also: Die Hälfte von 88 ist 44 Punkte, und 44+1= 45 Punkte. Daher musst du bei den meisten Spielen 45 Punkte oder mehr haben, um zu gewinnen.

Na also! Ist doch gar nicht so schwer!

Aber.....wie sticht jetzt wer was?

Kapitel 2: Die Ausspielregeln

Wir haben bereits erwähnt: Das Tarockspiel ist das einzige, wo es 5 Farben gibt: Herz, Karo, Pik, Treff und Tarock. Tarock ist also immer Trumpf oder Atout. Das bleibt auch immer so. Und in allen Spielen gilt die

Regel 1: FARBZWANG

Spielt einer eine Farbe, zum Beispiel Herz, dann muss der Gegner auch dieselbe Farbe, zum Beispiel Herz, spielen.

Oder nehmen wir an, dein Gegner spielt einen Pik Reiter. Dann musst du auch Pik spielen. Es ist egal, ob du ihn überstichst, mit einem König oder einer Dame, oder ob du ihm zugibst, zum Beispiel einen Buben oder Zehner, die Hauptsache ist, dass es dieselbe Farbe, also Pik, sein muss.

Spielt dein Gegner eine Treff, dann musst du auch eine Treff spielen, egal, welche. Spielt dein Gegner Tarock, dann musst du auch eine Tarock spielen, egal, welche. Denn

Tarock ist ja auch eine Farbe! Oder wenn dein Gegner eine Karo spielt, dann spielst du auch eine Karo, egal, welche.

Aber wenn du die Farbe nicht hast?

Regel 2: TAROCKIERZWANG

Spielt dein Gegner eine Farbe aus, die du nicht hast, dann musst du mit Tarock stechen. Das heißt: „tarockieren“.

Also: Dein Gegner spielt Karo. Du hast aber kein Karo, aber eine Tarock-Karte. Also musst du mit der Tarockkarte die Karo stechen. Das heißt: „tarockieren“. Und wenn du eine Herz spielst, aber dein Gegner keine Herzkarte hat, dann muss er mit Tarock stechen, auch wenn er nicht will. Mit Tarock stechen heißt immer: „tarockieren“. Oder: Dein Gegner spielt ein Pik. Du hast aber keine Pik, aber eine Tarock, also musst du, auch wenn du nicht willst, tarockieren.

Und wenn du aber keine Farbe und keine Tarock hast?

Angenommen, dein Gegner spielt Herz. Du hast kein Herz. Du hast aber auch keine Tarock-Karte. In diesem Falle darfst du spielen, was du willst.

Um diese Regeln ausführlicher zu machen, nehmen wir ein Beispiel an:

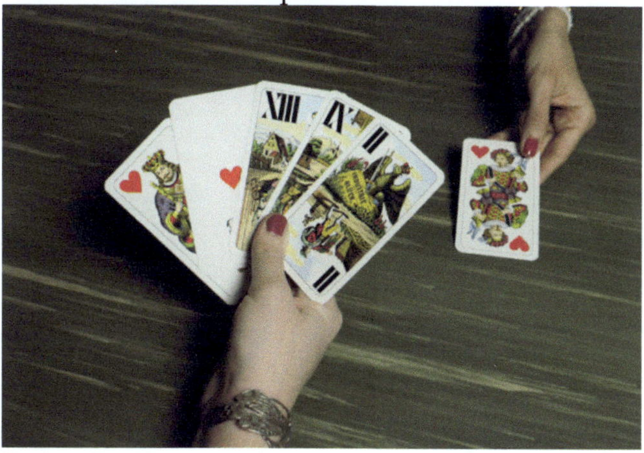

Dein Gegner spielt einen Herz Buben. Was kannst du mit deinem Blatt ausspielen? Antwort: Entweder du kannst mit einem Herz König stechen, oder du kannst mit einem Herz As zugeben. Darfst du die Tarock ausspielen? Nein, weil du hast dieselbe Farbe und musst zuerst diese ausspielen. Es heißt ja: Farbzwang!

Und was musst du jetzt ausspielen?

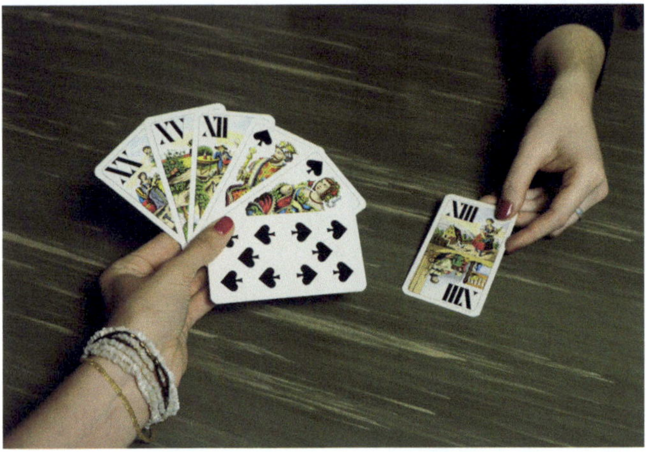

Antwort: Du musst Tarock ausspielen. Tarock ist wie eine fünfte Farbe, und dein Gegner hat Tarock gespielt. Du musst eine Tarock spielen, darfst dir irgendeine deiner Tarockkarten aussuchen, aber auf keinen Fall deine Pik.

Und hier?

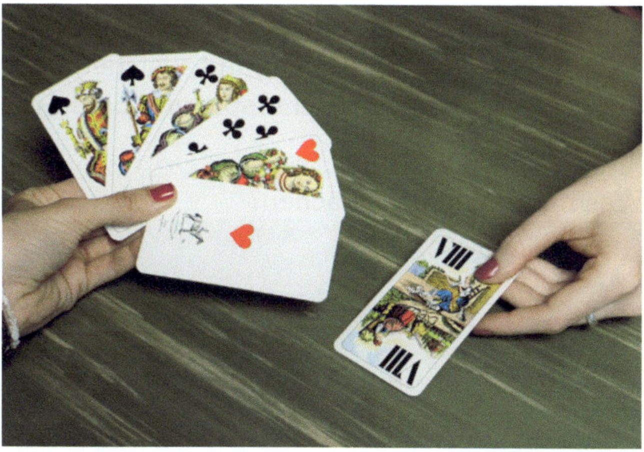

Dein Gegner spielt Tarock, du hast aber keines. Also kannst du irgendeine Karte spielen, denn dein Stich gehört schon dem Gegner. Es wird wahrscheinlich keine hohe Karte sein.

Und jenes?

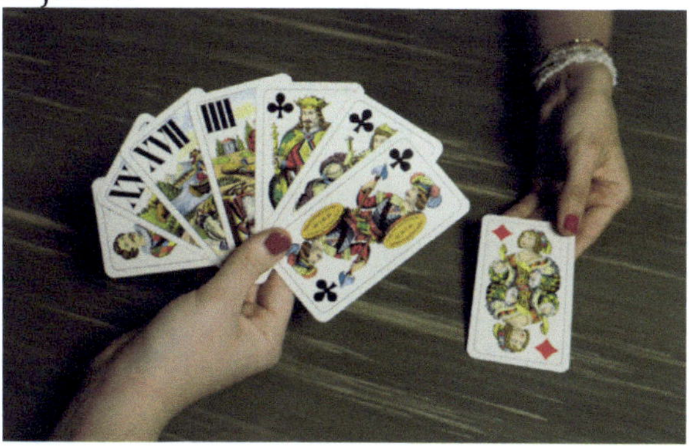

Du musst mit einer deiner Tarock stechen, also: tarockieren. Es ist egal, mit welcher, aber die Treff darfst du nicht spielen, denn du musst tarockieren.

Was muss man hier machen?

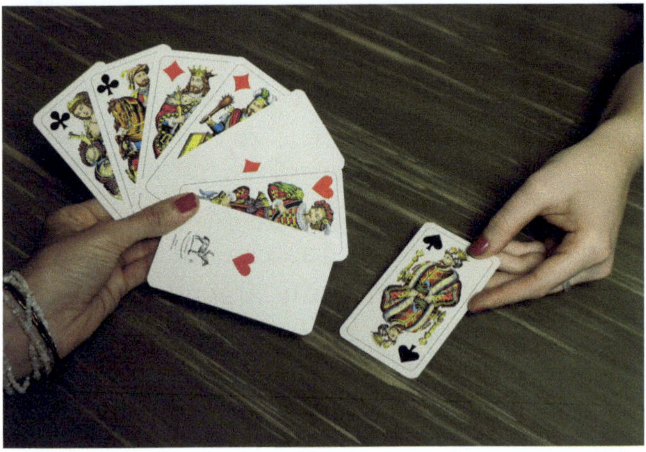

Egal, welche du ausspielst: du hast kein Pik, kein Tarock und sie gehört daher dem Gegner. Gib ihm daher eine Karte, es ist völlig egal, welche. Am besten eine niedrige.

Du siehst, es ist nicht wirklich schwer, diese zwei Regeln zu befolgen.

Und weil du das so gut kannst, probieren wir jetzt unsere allererste Baby-Partie!

Kapitel 3: Wie man die Karten gibt – was sind die Strohmänner? Wir spielen unsere erste Partie!

Eigentlich spielt man Tarock zu viert. Wenn man nun zu zweit spielt, dann fehlen gleich die Hälfte der Spieler! Also müssen diese Spieler ersetzt werden. Das sind die sogenannten „Strohmänner“, drei zusätzliche Kartenpäckchen, die jeweils zu einem Spieler gehören. Daher nennt man diese Spielweise auch „Strohmann-Tarock“ oder „Strohmandeln“.

Jetzt geht's los. Einer von euch beiden gibt die Karten. (Wenn ihr euch nicht einigen könnt, lost aus.) Du mischst die 40 Karten richtig gut durch und lässt den Gegner abheben. Der Gegner des Kartengebers wird immer „**Vorhand**“ genannt. Die „Vorhand“ ist also beim Strohmann-Tarock immer derjenige, der abhebt.

Dann gibst du der Vorhand 5 Karten verdeckt, und dir selber 5. Danach wieder 5 für den Gegner (Vorhand) und 5 für sich selbst. Das sind eure Handkarten, insgesamt 10 Stück.

Diese dürft - und sollt - ihr euch gleich ansehen und sortieren. Nun werden die Ersatzspieler, die „Strohmänner“ gegeben: Dazu gibst du 4 Karten dem Gegner verdeckt auf einem eigenen Stoß und 4 auf einen verdeckten Stoß für dich selbst. Danach gibst du dem Gegner 3 Karten verdeckt in einem nächsten Päckchen und drei auf einem nächsten Stoß für dich selbst. Und danach gibst du wiederum verdeckt 3 für einen weiteren Stoß für deinen Gegner und 3 verdeckt für dich selbst. Dann sollten keine Karten mehr übrig sein. Alle diese Karten müssen - noch - verdeckt sein. (Eselsbrücke: 5-5, 5-5, 4-4, 3-3, 3-3)

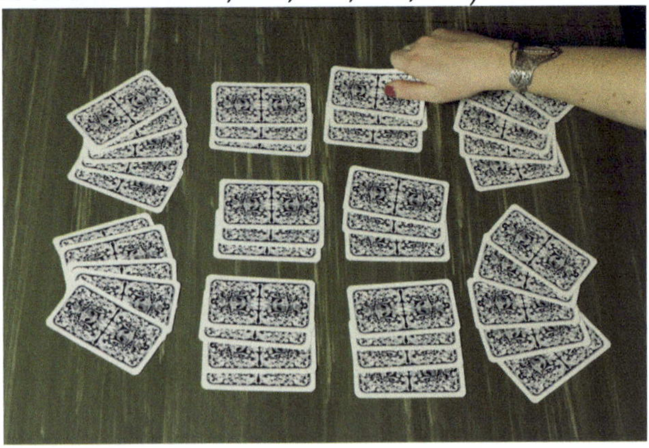

Die ersten 10 Karten sind die Handkarten. Die hältst du (und dein Gegner) in der Hand. Jeder von euch hat noch Stöße zu 4, 3 und 3 Karten. Die sind die sogenannten „Strohmänner". Das sind Karten, die zu deinen eigenen zählen, aber - bald - offen vor deinem Gegner liegen. Das heißt: dein Gegner kann sie - bald - sehen. Mit deinen drei Strohmannpäckchen kannst und musst du ausspielen, wie als wären es deine eigenen Karten, dein Gegner hat auch drei Strohmannpäckchen, die zu seinen gelten. Es gibt beim Tarock also keinen Talon mit Abheben wie bei anderen Spielen, sondern jeder von euch hat drei Strohmannpäckchen zu je 4, 3 und 3 Karten. Aber noch bleiben die Strohmannkarten brav verdeckt.

Denn jetzt kommt das „**Lizitieren**", das Spiele-Ansagen. Die Vorhand beginnt. Sie hat ihre Handkarten sortiert, und weil sie sehr hohe Karten hat, zum Beispiel lauter 5-Punkte und 4-Punkte Karten, sagt sie „Ja! Ich mache das Spiel!" oder „Ich riskiere es!" Das heißt: „Ich wette, dass ich mindestens die Hälfte Plus 1 Punkt, also 45 Punkte mache." Aber hat die Vorhand nicht so gute Karten, dann sagt sie

„Weiter!“ oder „Ich passe!“ oder „Das sind heute wieder schlechte Karten, ich mach' nix“, und nun ist der Kartengeber dran, ein Spiel anzusagen.

Der Kartengeber ist ein Hasenfuß und traut sich nicht wirklich, etwas anzusagen. Immerhin kennt er ja nur die Hälfte seiner Karten, die anderen sind die verdeckten Strohmänner! Oder ist der Kartengeber riskant und vertraut auf sein Glück? Ist er mutig, dann sagt er jetzt: „Ich mache das Spiel!“, ist er ein vorsichtiger Spieler oder hat er ein schlechtes Blatt, dann sagt auch er „Weiter“. Beim allerersten Spiel habt ihr beiden wahrscheinlich nicht so wirklich die Ahnung, ob ihr überhaupt ein gutes oder schlechtes Blatt habt, ihr werdet gerade einmal glücklich sein, die Karten überhaupt zu erkennen, vielleicht wird einer sagen: „He, wie heißt denn der Jolly, der kein Jolly ist? Schau nochmal im Buch nach!“ (Sküs) oder „Ist ein Reiter mehr als eine Dame?“ (Nein), also werden beide das erste Mal sehr wahrscheinlich sagen: „Weiter“. Das nennt man „ein normales Spiel“ ohne Risiko.

Nachdem das Spiel angesagt wurde, werden die Strohmänner aufgedeckt. Dazu beginnt die Vorhand, also derjenige, der abgehoben hat. Zuerst wird vom erstbesten Stapel die oberste Karte aufgedeckt. Ist diese Karte irgendeine Tarock-Karte oder ein König, dann legt der Spieler diese Karte auf die Seite und deckt die nächste auf. Ist diese Karte ebenfalls eine Tarock oder ein König, legt er sie auf die Seite dazu und deckt die nächste Karte auf. Ist diese Karte kein Tarock oder kein König, sondern nur eine andere, dann legt er sie auf das Päckchen und sie bleibt offen oben liegen. Danach kommt das nächste Strohmannpäckchen dran, das wird bei jedem von den drei Päckchen genauso gemacht. Hat der Spieler alle drei Päckchen aufgedeckt, zeigt er die auf die Seite gelegten Karten - die Tarock- oder Königkarten - dem Gegner, solange, bis der Gegner zu verstehen gibt, dass er weiß, um welche es sich handelt. Das vermeidet viele Streitereien, wenn man die Karten seitlich offen hinlegt und begutachten lässt. Danach gibt der Spieler diese Karten zu seinen Handkarten dazu. Wenn er Glück hat, hat er so viele gute Karten, dass er gar keine

Strohmannkarten mehr am Tisch liegen hat; hat er Pech, dann kann er keine einzige Karte auf die Seite legen und zu seinen Handkarten reihen.

Vorsicht: Die unterste, letzte Karte eines jeden Strohmannpäckchens wird gleich, ohne herzeigen, zu den Handkarten genommen. Das ist die **„blind genommene" Karte**, weil sie der Gegner nicht sieht. Von deinen Strohmannkarten kennt also der Gegner nur die untersten nicht, alle anderen - im Verlauf eines Spieles - schon. Hoppala, jetzt habe ich unabsichtlich die letzte Karte auch hergezeigt! Macht das was? Nein, aber dein Gegner weiß jetzt besser über deine Karten bescheid und hat mehr Chancen, zu gewinnen. Nette Gegner machen drauf aufmerksam: „He, zeig sie mir nicht, die ist blind!".

Jetzt ist der Kartengeber dran, und aus taktischen Gründen wird sein Gegenüber natürlich ganz genau aufpassen, was er denn im Strohmann hat.

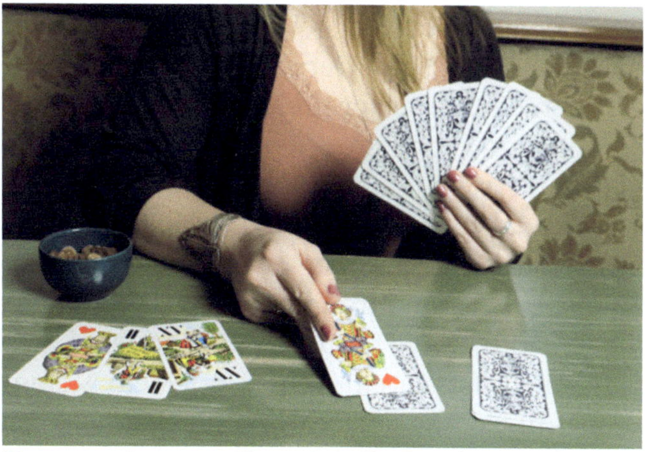

Da sagt einer, weil er so tolle Strohmannkarten hat: „Ha! Ur super! Ich mache jetzt doch das Spiel!“ und der andere: „Jetzt ist es zu spät! Zuerst wird das Spiel angesagt, danach wird der Strohmann aufgedeckt! Geht nicht mehr!“ Und er hat recht: **zuerst lizitieren, danach Strohmänner aufdecken**.

Ist auch jene Prozedur beendet, dann kommt die Vorhand zum Ausspielen dran. Es gilt: Farbzwang und Tarockierzwang. Anhand den offen liegenden Strohmannkarten kannst du manchmal erkennen, welche Farben dein Gegner auf alle Fälle hat, denn die liegen ja offen herum! Er kann also nicht mit Tarock stechen, wenn diese Farbe vor euren Nasen liegt. Wenn er es übersieht, mache ihn höflich darauf aufmerksam. Derjenige, der sticht, dem gehören die Karten, er dreht sie um und macht ein eigenes Päckchen. Das sind seine Punkte. Er darf sich seine Stichkarten jederzeit ansehen, aber die Reihenfolge nicht verändern (sonst könnte man ja schummeln). Spielst du eine Strohmannkarte aus, dann musst du die darunter liegende Karte aufdecken. Ist sie ein Tarock oder ein König, zeigst du sie gut sichtbar her, bis dein Gegner bejaht, gibst sie zu deinen Handkarten und deckst die darunterliegende auf. Derjenige, der den Stich macht, spielt danach immer aus. Gespielt wird bis zum bitteren Ende, bis keine Karten mehr da sind. (auch wenn du weißt, dass du schon längst gewonnen oder verloren hast.)

Dann muss einer von euch zählen. Hat er 45 oder mehr Punkte, dann hat er gewonnen. Derjenige, der gewonnen hat, darf sich jetzt mit meiner Erlaubnis freuen; ob derjenige dies lautstark tun und vor Freude herumtanzen darf, hängt von Faktoren der Contenance, des sittlichen Anstandes, der Uhrzeit sowie, falls vorhanden, vom Lokalbesitzer ab.

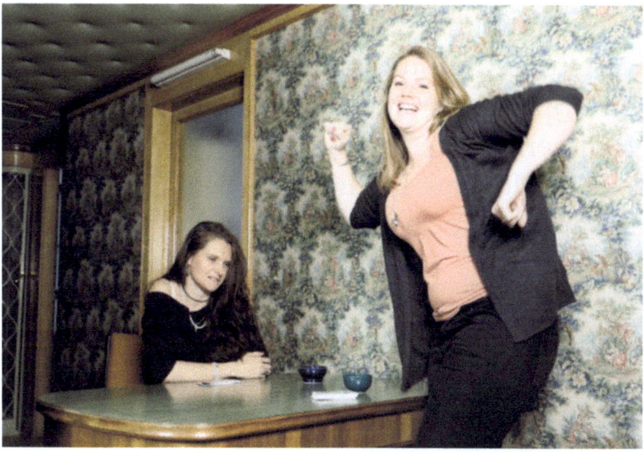

Gewonnen! Aber wie wird das jetzt gezählt? Entweder am Papier. Da schreibt einer beim Namen des Gewinners einen „1“. Das ist zwar jetzt recht einfach, für die kommenden Spiele wird das aber zu kompliziert. Traditionell wurde beim Tarock immer um Geld gespielt, was heute nicht immer und überall erlaubt ist. Bei uns haben sich Spielmünzen durchgesetzt. Das sind im Normalfall kleinere Beträge, Centmünzen oder Spielgeld. Besonders Kinder sollte man nicht um Geld spielen lassen, sondern um Anderes. Man kann auch um Zahnstocher oder dergleichen spielen. Ich spiele um Centmünzen, und zur Erklärung werde ich immer „10 Cent“ als einen

Gewinnpunkt, einen sogenannten „Point" werten. Da nimmt meine Gegnerin ihre Box mit Spielgeld und ich meine, und der Verlierer, meistens ich, wirft gleich eine von seinen Münzen in die Box des anderen. So erspart man sich das mitunter umständliche Zählen.

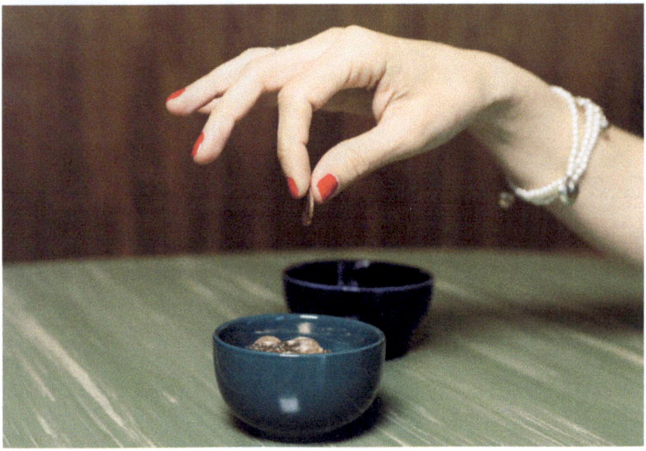

Aber, was ist, wenn beide exakt 44 Punkte haben? Dann gibt es ein Unentschieden. Das kommt gar nicht so selten vor. In diesem Fall gewinnt keiner. (Einige spielen so, dass das nächstfolgende Spiel doppelt zählt.)

Wir beginnen mit unserer Tabelle:

Normalspiel ohne Risiko (Beide sagen „Weiter“) : 10 Cent gewonnen; Unentschieden (44 Pkt): 0 Cent.

Kein Stress! Die komplette Tabelle findet ihr am Ende des Buches!

Jetzt werdet ihr, weil es so lustig war, wahrscheinlich gleich noch eine Runde spielen. Und noch eine! Und einer von beiden wird im Laufe des Abends sagen: „Ich mache das Spiel! Ja, ich werde gewinnen!“ Sagt derjenige an, dass er gewinnen wird, dann bekommt er nicht nur 10, sondern, nachdem er gewonnen hat, gleich 20 Cent. Weil der Spieler mutig war und dem Spieleabend die richtige Würze gegeben hat, wird sein Aufwand belohnt. Aber verliert dieser Spieler, dann verliert er gleich 30 Cent. Und er verliert auch, wenn es unentschieden ist, denn er hat ja gewettet, dass er gewinnen wird, (also dass er 45 Punkte macht) und unentschieden ist nicht gewinnen!

Das sieht dann so aus:

Normalspiel, angesagt: 20 Cent gewinnen, 30 Cent verlieren.

Schauen wir uns jetzt eine Tarockpartie von 2 Spielern an:

„Ich mache das Spiel! Ich werde gewinnen!" ruft einer, danach decken beide die Strohmänner auf. Der Rufer jubiliert: es ist ein Traumblatt. Er macht einen Stich nach dem anderen, alle hohen Karten landen bei ihm. Beim Zählen hat er 58 Punkte. „Ha!", sagt derjenige, „ich habe nicht nur gewonnen, ich habe **haushoch** gewonnen!" und sein Gegner gibt ihm zerknirscht 30 Cent in seine Münzschachtel. Denn wenn man nicht nur 45, sondern **55 oder mehr Punkte** einsticht, dann bekommt man 10 Cent mehr, also 30 Cent. Verliert man dann aber haushoch, dann verliert man gleich 40 Cent!

Normalspiel, angesagt: haushoch 30 Cent gewinnen, 40 Cent verlieren.

Sagen aber beide „Weiter" und spielen ohne Risiko, dann gibt es kein „haushoch", denn keiner von beiden ist mutig gewesen und hat sich eine „Haushoch - Prämie" verdient. (Dieses „haushoch" nennt man im normalen

Tarock für 4 Spieler übrigens „absolut".)

Das waren jetzt Baby-Spiele zum Kennenlernen der Karten. Aber die richtige Würze des Spiels kommt erst noch!

Kapitel 4: Prämienspiele - die „Tricks"

Jetzt stell dir vor, du hast eine Besonderheit im Blatt. Zum Beispiel hast du gleichzeitig alle 3 coolen 5-Punkte Tarockkarten, den Sküs, den Mond und den Pagat:

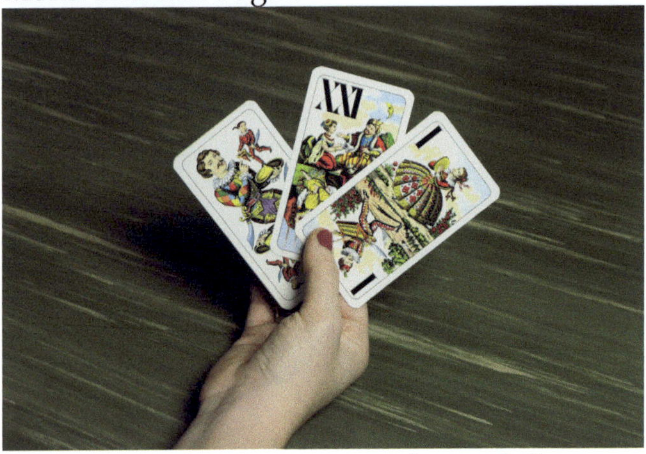

Kann man damit etwas anfangen? Ja, man kann! Und zwar nennt man dieses Blatt den „**Trull**".

„Was zum Geier ist ein „Trull?", wirst du dich fragen. Und da sind wir wieder bei der Geschichte des Tarockspiels:

Ursprünglich nannte man diese Kartenkonstellation auf französisch „tous le trois“, also „alle drei“. Weil aber viele Spieler dies nicht aussprechen konnten, verballhornten sie es zu „Trull“. Bist du also ein glücklicher Spieler und hast diese drei Karten gleichzeitig im Blatt, dann darfst du einen „Trull“ ansagen. Dazu zeigst du dem Gegner diese drei Karten, sagst „Trull!“ und spielst eine von den dreien aus, die anderen zwei steckst du wieder zurück in die Handkarten. Die Ansage vom Trull kannst du machen, wenn du am Ausspielen bist. Jetzt musst du auch versuchen, alle drei Karten im Laufe des Spieles einzustechen, also zu deinen Stichen zu bringen. Hast du das geschafft, ist der „Trull durch“, was du deinem Gegner auch sagst. Er muss dir sofort 10 Cent geben, auch während des Spiels, nicht erst am Schluss (wenn er sich vielleicht nicht mehr erinnert). Dein Gegner kann dir aber auch eine von den Karten stechen, nämlich genau den Pagat, den I. Die anderen beiden sind die Höchsten, die kann dir dein Gegner unmöglich stechen. Schafft es dein Gegner jedoch, dir den Pagat zu stechen, ist der „Trull aufgehalten“, und du musst deinem Gegner sofort 10 Cent zahlen.

Daher brauchst du eine Taktik, mehr dazu später im Kapitel „Taktik“.

Eine weitere Kartenkonstellation ist es, alle 4 Könige zu besitzen:

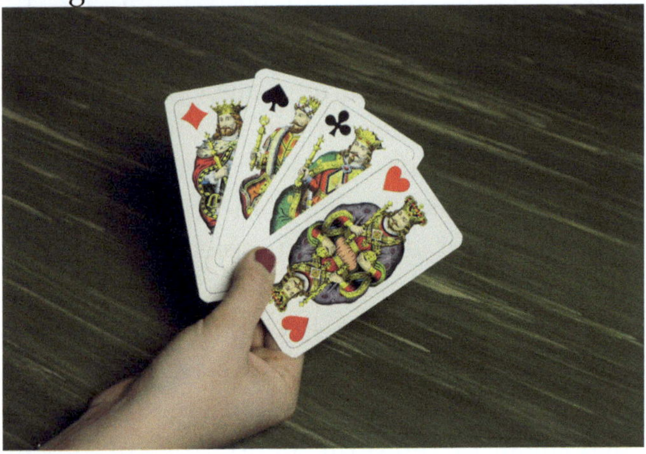

Bei diesen Karten sprechen wir von einem „**Königstrull**“. Ursprünglich hießen diese Karten „tous les quatre“, also „alle vier“. Hier funktioniert die Ansage genauso: Du deckst, wenn du am Ausspielen bist, alle 4 Könige auf, sagst „Königstrull!“ und spielst einen König aus. Im Laufe des Spiels musst du alle 4 Könige eingestochen haben, damit du „Königstrull ist durch!“ verkünden kannst und sofort deine Prämie bekommst. Der Königstrull ist aber wesentlich schwieriger zu spielen und wird mit 20 Cent prämiert, denn dein Gegner braucht nur eine der 4 Farben nicht zu haben und mit einer beliebigen Tarock stechen, und die 20 Cent-Prämie landet sofort in des Gegners Topf, denn der Königstrull ist aufgehalten worden.

Eine weitere Prämie bekommt man für den sogenannten „**Mondfang**“:

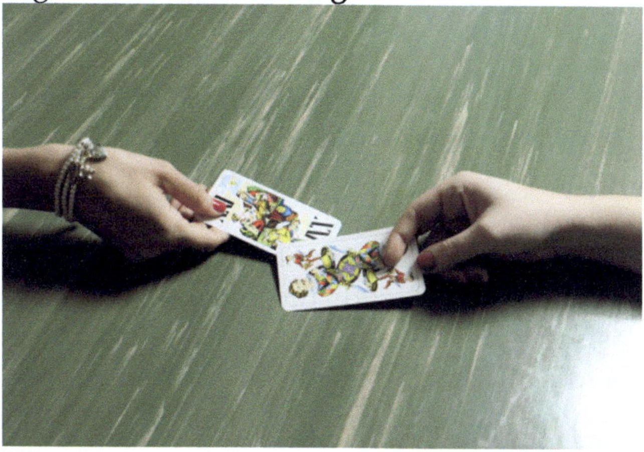

Wer den Mond fängt, also sticht, bekommt 10 Cent. Aber der Mond ist doch die zweithöchste Karte! Also kann sie nur mit der allerhöchsten Karte, dem Sküs, gestochen werden. Wenn du also den Sküs hast, aber nicht den Mond, dann pass auf, ob du den

Mond nicht, vielleicht gegen Ende des Spiels, einstechen kannst! Wenn du jedoch den Mond, aber keinen Sküs besitzt, dann wäre es ratsam, den Mond irgendwie anders einzustechen. Dann spricht man von „den Mond heimbekommen" oder „heimtragen".

Dann gibt es noch einen Klassiker, nach dem schon Bücher benannt wurden: Den „**Pagat ultimo**" oder „den **Pagat ultimieren**".

Wie schon vorher besprochen, muss bis zum bitteren Ende gespielt werden, bis keine Karte mehr übrig ist. Wenn du dir den Pagat, den I, bis zum Schluss aufhebst und damit den letzten Stich machst, bekommst du eine Prämie von 10 Cent. Im normalen Tarock, das man zu viert oder zu dritt spielt, kann man das sogar am Anfang ansagen! Wenn du das allerdings beim Strohmann-Tarock machen würdest, dann wüsste dein Gegner glänzend über deine Taktik Bescheid, und auch nur mit geringem intellektuellem Aufwand würde er dieses Vorhaben verhindern. Also wird er „still" gespielt, du darfst ihn nicht ansagen. Spielst du den Pagat beim letzten Stich aus, und dein Gegner hat keine Tarockkarte mehr, dann ist der „Pagat ultimiert“ worden und du bekommst 10 Cent. Sticht dein Gegner jedoch mit irgendeiner Tarock, dann ist der Pagat Ultimo aufgehalten worden, und dein Gegner bekommt die 10 Cent-Prämie.

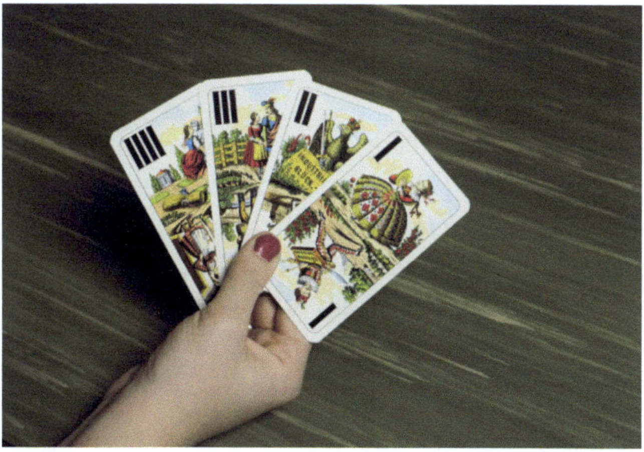

Nun hat es sich inzwischen eingebürgert, dass auch der II beim vorletzten, der III beim vorvorletzten und der IIII beim viertletzten Stich ebenfalls „pre-ultimiert“ (oder „penultimiert“) werden kann, was demjenigen jeweils 10 Cent Prämie bringt. Diese vier Karten nennt man im Volksmund „die **4 Vogerl**“, wobei jeder von ihnen einen eigenen (regionalen) Namen besitzt:

I - Pagat oder Spatz

II - Uhu

III - Pelikan oder Kakadu oder Marabu oder Kanari

IIII - Quapil oder Lämmergeier oder Wildsau

Du musst also versuchen, mit dem II den vorletzten, mit der III den drittletzten und mit der IIII den viertletzten Stich zu machen. Man nennt das „Vogerl heimbringen". Wenn du nicht alle Vogerl hast, kannst du auch nur einen oder zwei heimbringen, soviele du hast oder dich zu spielen traust.

Schaffst du es allerdings, alle vier Vogerl heimzubringen, dann bekommst du, weil du so tapfer und glücklich bist, eine zusätzliche Vogerlprämie von 10 Cent, also insgesamt 50 Cent für alle vier. Wird allerdings ein Vogerl „abgefangen" oder „abgeschossen", dann bekommt der Gegner die jeweilge Prämie dieses Vogerls. Diese vier Vogerl werden natürlich alle still gespielt, die werden nicht angesagt. Die Vogerln kommen übrigens von einem alten Tier-Tarock, auf dem

(Phantasie-)Vögel abgebildet waren, wobei sich die Forscher über deren Namen und ihrer Entstehung nicht ganz einig sind.

Vielleicht keimt bei einem jetzt die Frage: Darf ich in meinem Blatt einen Trull ansagen, und gleichzeitig den Pagat ultimieren? Ja, man darf, aber es ist mit einem extrem hohen Risiko verbunden! Grundsätzlich rate ich davon ab, aber wer es schafft, beides durchzubringen, darf sich einen Tarock-Orden basteln und auf diese äußerst seltene Leistung stolz sein!

Ein letztes, klassisches Prämienspiel sollte der Vollständigkeit halber noch erwähnt werden: „**Valat**" oder „Volat" heißt es, wenn ein Spieler alle, wirklich alle Stiche macht. Die Prämie hierfür beträgt 160 Cent. Wir haben gelesen, dass es sogar einen Spieler gegeben haben soll, der dieses Kunststück beim Strohmanntarock geschafft haben sollte. In all den Jahren ist niemanden von uns dieses Kunststück auch nur annähernd gelungen. Die Prämie von 160 Cent ist wahrscheinlich noch viel zu wenig, ihr beide könnt euch auch über einen anderen, höheren Preis einigen.

Alle diese Prämienspiele sind klassische Kartenkonstellationen.

Es gibt noch ein weiteres Prämienspiel, das sehr lustig und sehr kindisch ist, das ist der „**Rostopschin**“:

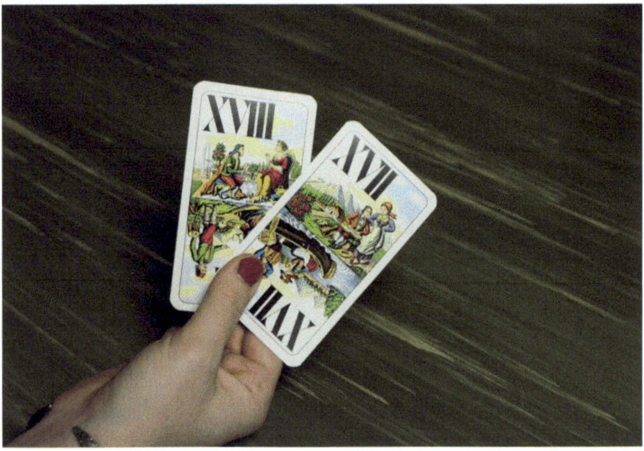

Dazu muss man die Tarock XVII und XVIII gleichzeitig besitzen. Du darfst sie jedoch nicht herzeigen, sondern musst ganz still sein, bis der richtige Moment gekommen ist. Kannst du mit der XVII stechen, dann stichst du mit den laut ausgesprochenen Wort *„Ros!“*, spielst die

XVIII sofort nach und sagst ganz laut „*Topschin!*“. In derselben Sekunde muss dir dein Gegner 10 Cent geben. Es ist ganz egal, ob dir die XVIII danach gestochen wird oder nicht, denn die 10 Cent bekommst du gleich. Allerdings musst du laut „Rostopschin!“ sagen, sonst gilt es nicht und du bekommst keine Punkte. Du darfst auch nichts anderes sagen, die Version mit „Schnipp-Schnapp“ ist verpönt und darf allerhöchstens beim allerersten Spiel, wenn dein Gegner den Namen des russischen Generals Fjodor Wassiljewitsch Rostopschin (1763-1826) noch nicht kennt, zur Geltung kommen.

Ein weiteres, nicht-klassisches Prämienspiel ist die „**Mariage**“ oder „Hochzeit“. Es war schon in füheren Zeiten sehr verpönt. In einem alten Tarockbuch für einen Fürsten wurde diese Spielweise in nur einem einzigen Satz erwähnt, nämlich dass es eine Unart des ungebildeten Volkes sei, die ihre Majestät nicht zu erlernen brauche. Also ist sie für unsere Alfanzerei-Methode genau richtig.

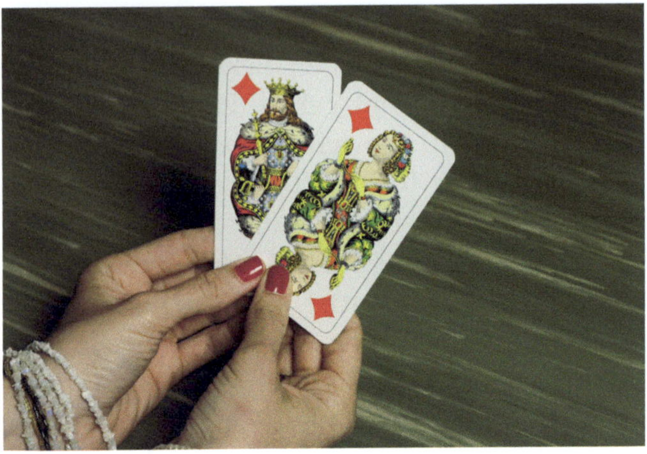

Dazu braucht man, wie im Bild, von einer Farbe (Herz, Karo, Pik oder Treff) einen König mit einer dazugehörigen Dame, also: Herz König und Herz Dame, Treff König und Treff Dame usw. Besitzt man ein solches Pärchen, kann man beide heiraten lassen, indem man beide herzeigt und eine „Mariage" verkündet. Danach muss man sie *nacheinander ausspielen* und aber auch *beide einstechen*. Wird dir auch nur eine von beiden Karten vom Gegner gestochen, dann ist die Hochzeit geplatzt und dein Gegner erhält die Prämie von 10 Cent. Ursprünglich war und ist „Mariage" ein eigenes Spiel, eine Form des Spiels „Schnapsen“.

Geübte Schnapsenspieler erkennen dieses Prämienspiel sofort. Es genügt jedoch nicht, beide lediglich zu besitzen und herzuzeigen, sondern man muss auch mit beiden Karten nacheinander einen Stich machen. Dies ist beim Tarock schwieriger, als es aussieht, vor allem deswegen, weil man beide Karten der Hochzeit, im Gegensatz zu anderen Prämienspielen, hintereinander ausspielen muss! Daher ist bei diesem Spiel Vorsicht geboten! Mehr dazu erfährst du beim Kapitel „Taktik“.

Eine vulgäre Variation der Mariage, die von einigen wenigen Spielern gespielt wird, ist die sogenannte „**Ménage à trois**“, es existieren noch unzählige andere Kraftausdrücke dafür, die aber aus Jugendschutzgründen nicht in diesem Buch genannt werden.

Hierzu braucht man eine Mariage mit einem zusätzlichen König

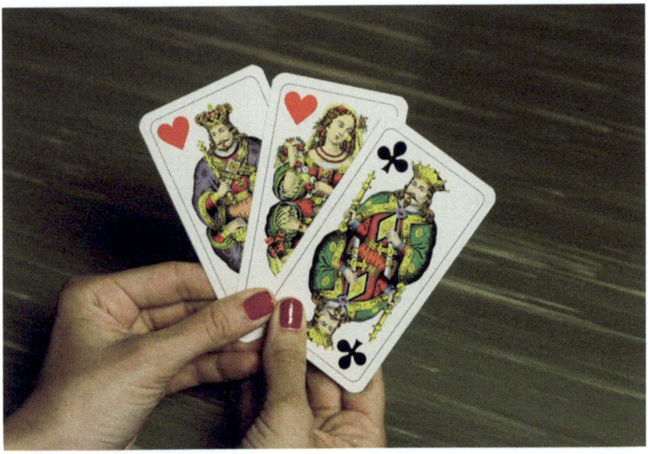

oder einer zusätzlichen Dame

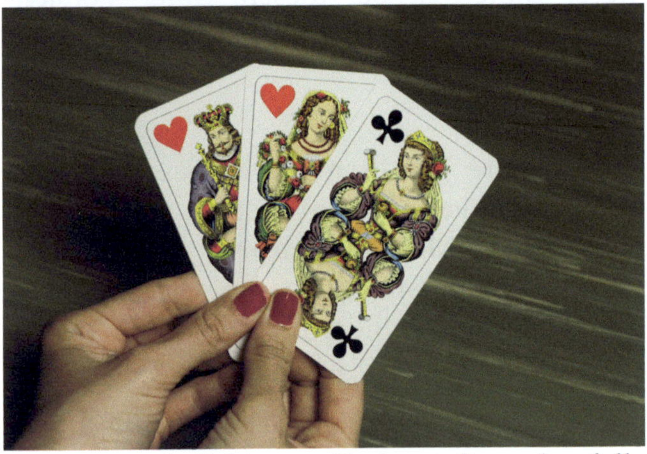

in einer beliebigen Farbe, die ebenfalls nacheinander eingestochen werden müssen.

Eine weitere Erklärung erübrigt sich. Die Prämie hierfür beträgt 20 Cent.

Die beiden letztgenannten Prämien, Mariage und Ménage à trois, nennt man auch „Vulgärprämien", da sie bei sehr vielen Spielern verpönt sind.

Schauen wir jetzt uns unsere Tabelle an:

Prämien *(gewinnen/verlieren)*

Trull: 10 Cent

Königstrull: 20 Cent

Mondfang: 10 Cent

4 Vogerl: je 10 Cent, alle 4: 50 Cent

Valat: 160 Cent

Rostopschin: 10 Cent

Mariage: 10 Cent

Ménage à trois: 20 Cent

Alle diese Prämienspiele werden bei einem normalen oder aufgenommenen Spiel gespielt, um das Spiel spaßiger und abwechslungsreicher zu gestalten. Und mit diesen Spielen wird es auch besonders lustig! Da kann es durchaus vorkommen, dass der Gegner gewinnt, weil er mehr als 45 Punkte besitzt, aber du mehr Prämien bekommst! Also kann man gewinnen, ohne zu gewinnen und verlieren, ohne zu verlieren. Das macht das Tarockspiel auch so einzigartig.

Und wenn du jetzt mit deinem Partner alle diese Prämien spielst, ist ein lockerer, lustiger Spieleabend garantiert!

Kapitel 5: In die Karten geschaut - Die Taktik, Teil 1

Kommen wir jetzt zur Spieletaktik.

Grundsätzliches

Als allererstes musst du wissen: Jedes, absolut jedes Spiel, ist immer ein Risiko. Beim Spiel zu viert kann dein Kompagnon schlechte Karten besitzen, so auch dein Strohmann. Schon manches Spiel, das man glaubt, bereits gewonnen zu haben, wurde durch den Strohmann vernichtet. Sei also beim Lizitieren vorsichtig! *Du kennst anfangs nur die Hälfte deiner Karten* - in deinen Strohmannkarten kann sich sowohl das Glück als auch dein Untergang befinden!

Von deinen 10 Strohmannkarten kennt dein Gegner im Laufe des Spieles 7, die drei „blinden" Karten sind die einzigen, die er nicht kennt. Gewöhne dich also daran, mit einer typischen Handbewegung zu kontrollieren, ob diese Karte die letzte

Strohmannkarte ist oder ob sich darunter noch eine befindet.

Ein wichtiges Faktum ist das Mitzählen der Karten. Natürlich ist dies - vor allem am Anfang - viel verlangt. Aber du brauchst dir ja nur zu merken, ob du alle wichtigen Karten hast, und du weißt, dass dein Gegner sie haben muss. Zum Beispiel der Sküs: Hast du ihn nicht, wenn deine letzte Strohmannkarte aufgedeckt wurde, dann hat ihn sicherlich dein Gegner.

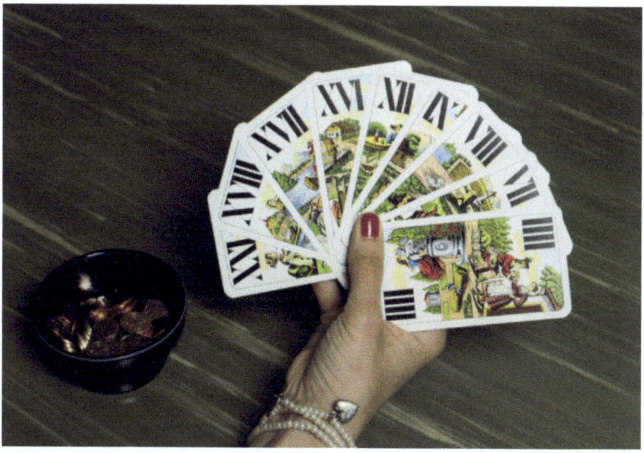

Beispiel: Es ist keine einzige Tarockkarte bisher gefallen. Du hast soeben deine letzte Strohmannkarte genommen. Welche wichtigen Tarockkarten hat dein Gegner? Antwort: Sküs, Pagat, II und III. Du solltest also darauf aufpassen, dass dir dein Mond nicht gefangen wird. Bringe deinen Mond heim, also stich ihn bei der nächsten Gelegenheit ein. (Vergiss übrigens nicht, deinen Rostopschin zu spielen.)

Weiters ist es wichtig zu wissen, dass von jeder Farbe (Herz, Karo, Pik, Treff) lediglich 5 Stück vorhanden sind. Besitzt du also 3 Stück einer Farbe, dann hat dein Gegner höchstens zwei andere! Das heißt: die ersten zwei deiner

Farbe kannst du eventuell einstechen, die letzte wird dem Gegner gehören.

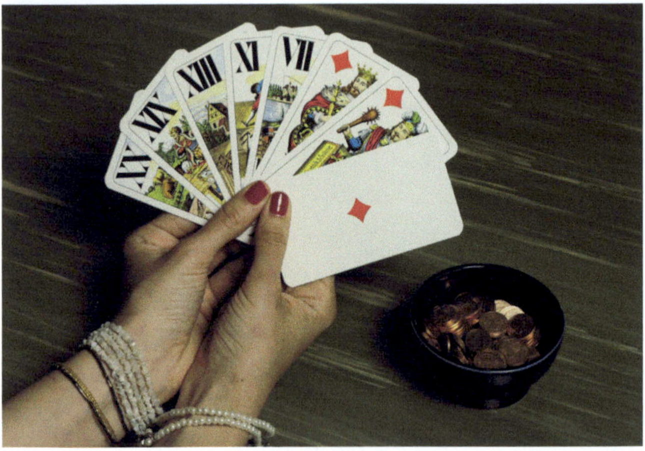

Beispiel: Alle Strohmänner sind aufgebraucht. Keine Karokarte ist gefallen. Welche Karo hat dein Gegner?

Antwort: Karo Dame und Cavall.

Das heißt, dass dein König einen Stich macht, und dein Gegner wird dir wahrscheinlich die niedrigere, den Cavall geben, deine anderen Karokarten werden von deinem Gegner kassiert. Dein Bub und dein As sind jetzt schon „tot".

Noch ein Beispiel:

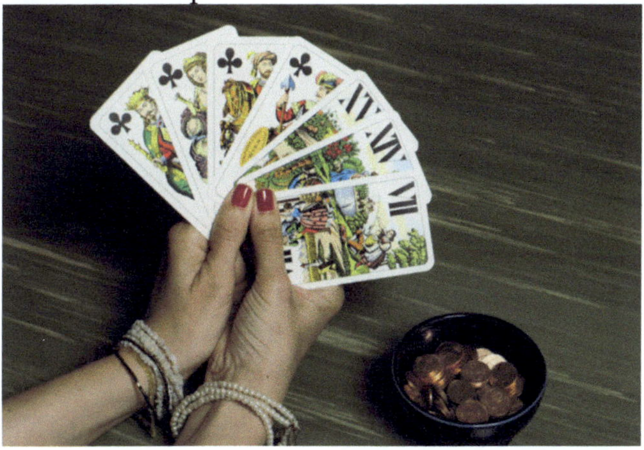

Keine Treff ist gefallen und alle Strohmänner aufgebraucht. Welche Treffkarten besitzt dein Spielgegner?

Antwort: Nur das As. Du kannst also mit nur einer deiner Treffkarten einen Stich erzielen, der Rest wird von deinem Gegner tarockiert werden und ist „tot“. An deiner Stelle würde ich den König wählen, damit du wenigstens 5 Punkte bekommst.

Ein weiteres Beispiel: Welche wichtigen Tarockkarten hat dein Gegner, wenn noch keine gefallen sind und deine Strohmänner aufgebraucht sind?

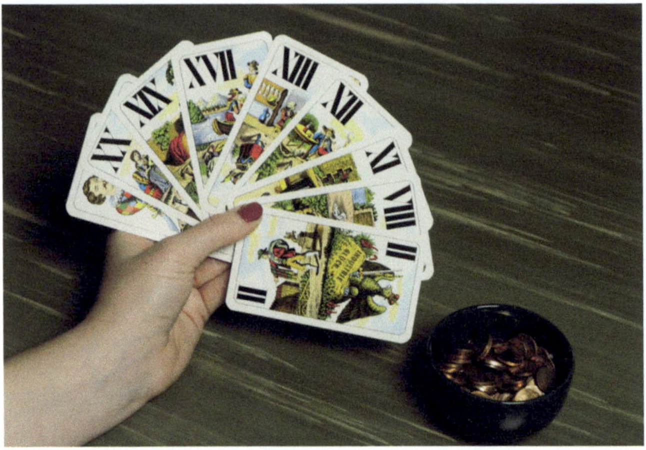

Antwort: Dein Gegner besitzt den Mond XXI, den Topschin XVIII, den Pagat I und die Vogerln III und IIII. Bis auf den Topschin XVIII, dessen zweite Karte Ros XVII du selbst besitzt, können dir diese Karten eventuell gefährlich werden - dein Gegner könnte noch Prämienspiele bekommen. Aber auch du könntest noch den Mond XXI mit deinen Sküs fangen und eine Prämie kassieren!

Du merkst, dass es nicht so schwer ist, mitzuzählen. Und die aufgedeckten Strohmannkarten deines Gegners kennst du im Laufe eines Spieles auch. Wenn sie dir dein Gegner zeigt, dann ist es ratsam, sie laut zu wiederholen, das ist auch ein guter Psycho-

Trick, um es dir selbst zu merken (und den Gegner glauben zu lassen, dass man sie sich alle merkt.) Deine eigenen Stiche darfst du dir ja übrigens auch ansehen, also weißt du ja oft, was schon gefallen ist.

Die Taktik beim TRULL

In der Alfanzerei-Methode wird der Trull sehr hart gespielt: Man muss alle drei Karten im Laufe des Spieles einstechen. Das ist bei klassischen Spielweisen übrigens nicht so. Daher musst du drauf achten, den Pagat bei der nächstbesten Möglichkeit einzustechen. Wenn dein Gegner in den Strohmannkarten eine Farbe besitzt, die du überhaupt nicht hast (in der du „blank" bist), dann solltest du probieren, deinen Gegner irgendwie einen Stich zu überlassen, also ihn „einstechen zu lassen", und dann wartest du, bis er irgendwann gezwungen ist, diese Farbe auszuspielen, die du dann sofort mit dem Pagat stichst und verkündest, dass der Trull durch ist.

Es ist auch ratsam, dass du den Trull nicht gegen Ende des Spiels ansagst, wenn es fast keine Farbkarten mehr im Spiel gibt, denn wenn dein Gegner nur noch (hohe) Tarock besitzt, dann kann und wird er deinen Pagat stechen und du wirst die Prämie verlieren. Manchmal passiert es, dass sich der gesamte Trull in deinen Strohmannkarten befindet, und du ihn herzeigen musst! Obwohl er dann „von Gottes Gnaden“ deinen Gegner gezeigt wurde, ist er nicht angesagt, und du verlierst keine Prämie, wenn du ihn nicht selbst ansagst! Dies kann eventuell am Ende eines Spieles, wenn es fast keine Farbkarten mehr gibt, der Fall sein. *Nur, weil du eine Spielkartenkombination in deinen Strohmännern aufdeckst, bedeutet das nicht, dass du dieses Spiel automatisch angesagt hast!* Das wäre manchmal sehr unfair! Um das Prämienspiel wirklich aufzunehmen, musst du es auch laut ansagen!

Beim Trull hängst also alles von der schwächsten Karte, dem Pagat, ab. Je früher du ihn ansagen kannst, desto früher ist die Prämie deine.

Die Taktik beim KÖNIGSTRULL

In der Alfanzerei-Methode wird, im Gegensatz zum gewöhnlichen Strohmann-Tarock, der Königstrull nicht nur hart, sondern sogar sehr hart gespielt. Während beim Trull alles von einer Karte abhängt, gibt es bei den vier Königen schon wesentlich mehr Faktoren. Das hängst nämlich davon ab, wieviele Karten einer Farbe du besitzt. Du musst also zählen, wieviele Karten in der Farbe noch da sind.

Gewinnst du diesen Königstrull?

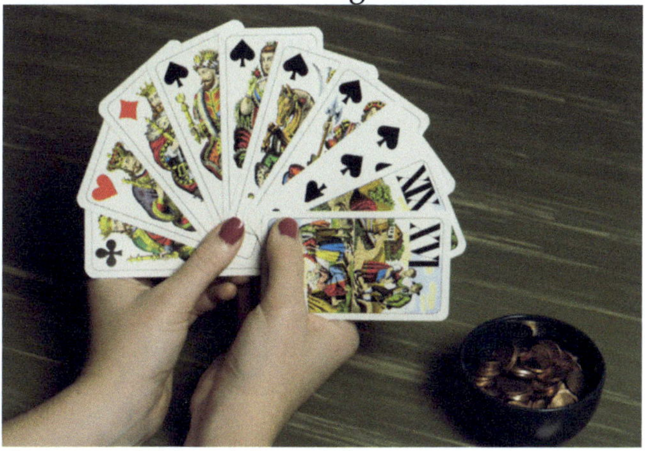

Antwort: Nein, sicher nicht.

Du besitzt alle, wirklich alle Pik Karten. Daher hat dein Gegner keinerlei Pik und muss dir alle deine Pikkarten, auch den König, tarockieren. Die Prämie von 20 Cent sind sicher bei deinem Gegner. Sage diesen Königstrull auf keinem Fall an!

Solange dein Gegner nicht alle Strohmannkarten aufgedeckt hat, weißt du nie, ob er eine Farbe noch besitzt! Oft verstecken sich in einem Stoß alle gesuchten Karten, was meistens mit einem „Ah, da waren sie!“ kommentiert wird. Hast du von einer Farbe jedoch wenige, dann steigt die Chance, dass dein Königstrull auch durchgespielt werden kann.

Nehmen wir ein anderes Beispiel an:

Alle Strohmannkarten sind verbraucht, keine Farbkarte ist gefallen. Schaffst du diesen Königstrull?

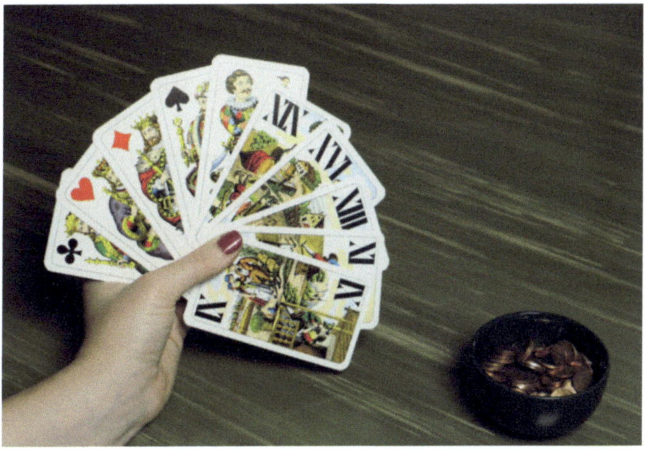

Antwort: Ja, auf alle Fälle: dein Gegner besitzt nämlich alle anderen Farbkarten und muss dir auf jeden deiner Könige zugeben. An deiner Stelle würde ich den Königstrull ansagen. Der Königstrull ist und bleibt immer ein Risiko, weswegen er auch höher als der Tarocktrull bewertet wird; Wenn du dir halbwegs ausrechnest, wieviele Karten von jeder Farbe gefallen sind, - oft brauchst du nur zu wissen, wieviele und nicht welche - dann kannst du diese Prämie schon gewinnen.

Die Taktik beim MONDFANG

Ein lieber Tarockfreund sagte diese weisen Worte: „Der Mondfang ist keine Prämie für den, der den Mond mit dem Sküs fängt, sondern es ist in Wirklichkeit eine Strafe für den, der den Mond falsch ausspielt. Es gibt nämlich fast immer eine Möglichkeit, den Mond heimzubringen."

Hierzu braucht nichts hinzugefügt werden.

Die Taktik bei den 4 VOGERLN

Um einen oder mehrere Vogerln durchzubringen, ist es ratsam, selbst viele Tarockkarten zu besitzen und die Tarock mitzuzählen. Dein Gegner darf bei den letzten Stichen keine Tarockkarte mehr haben. Schaue daher, dass dein Gegner immer gezwungen ist, zu tarockieren! Du nimmst deinen Gegner dadurch immer einige Tarock aus seinen Karten raus. Man nennt das auch „Tarock rauszuzeln" oder „Tarock raussaugen". Besonders gut funktioniert das, wenn du eine Farbe besitzt, die dein Gegner mit Sicherheit nicht hat und er daher eine Tarock spielen muss. Weiters spiele deine hohen Tarock aus, da er ebenfalls mit Tarock spielen muss. Dann schaffst du es, deinen Gegner „tarocklos“ zu halten und kannst, mit viel Glück, alle deine Vogerln anbringen. Da kann man es oft riskieren, dem Gegner Punkte zu schenken und ihn in Punkten gewinnen zu lassen, man selbst jedoch viel mehr Prämien kassiert! Merkst du allerdings im Laufe des Spiels, dass dein Gegner viel mehr Tarock besitzt als du, dann vergiss die Vogerln und versuche, den Pagat schon vorher einzustechen, denn er ist 5 Punkte wert. Manchmal merkt man es erst in letzter Sekunde, dass der Gegner noch einige Tarock besitzt, dann kann man sich dadurch retten, dass man die Vogerln absichtlich zum falschen Zeitpunkt ausspielt, z.B. die III beim viertletzten Stich, somit hat man das Vogerl - gerade noch - nicht riskiert und braucht den Gegner keine Strafprämie zahlen. Es lohnt sich meistens nicht, ein Feigling zu sein und gleich alle Vogerln am Anfang des Spiels loszuwerden, da man sich selbst viele Chancen nimmt und der Spieleverlauf sowie die Verteilung der Tarock durch die Strohmannkarten noch unbekannt sind.

Verzichte auf das Risiko der Vorgerln daher erst, wenn du mit Sicherheit weißt, dass dein Gegner wesentlich mehr Tarock besitzt als du! Oft kann man das Glück, oder das Unglück, in letzter Sekunde wenden!

Manchmal jedoch - wie so oft - hat man aber einfach nur Pech!

Die Taktik beim ROSTOPSCHIN

Der Rostopschin ist die einfachste Prämie im ganzen Strohmanntarock, weswegen sich eine ausgeklügelte Taktik erübrigt. Da beide Karten einen Namen bekommen, merkt man sich jene Karten XVII und XVIII sehr gut und weiß oft im Laufe des Spieles, wo sich welche Karte befindet. Dies ist eher für andere Spiele, zum Beispiel den Vogerln, wichtiger als für den Rostopschin selbst. Man kann diese Prämie jedoch in den seltensten Fällen verhindern, indem man laufend höhere Tarockkarten ausspielt und den Gegner zum „zerreissen" beider Karten zwingt, also zum einzelnen ausspielen der Karten hintereinander. Trotz allem ist sie die lustigste Prämie, die oft sehr kindische Freudensreaktionen beim Gewinner auslöst. Das gehört dazu und so soll es auch sein.

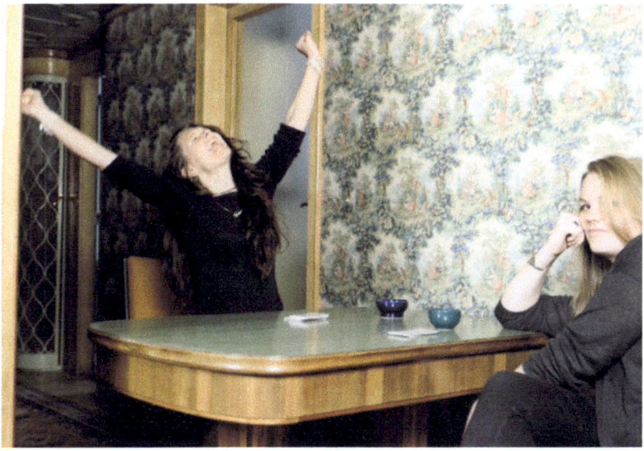

In der Literatur finden sich übrigens Varianten des Rostopschins, die „scharf" gespielte, in der man beide Karten einstechen, und die ganz „weiche", in der man den Rostopschin lediglich besitzen und herzeigen muss. In der Alfanzerei wird er „buddhistisch" gespielt. (Der Weg der Mitte).

Die Taktik bei der MARIAGE

Die Mariage ist ein Spiel, das nur angesagt werden sollte, wenn man sich sicher ist, dass der Gegner auch genügend gewünschte

Farbkarten, also mindestens 2, in seinen Handkarten oder im Strohmann besitzt. Der offen liegende Strohmann kommt einen da sehr zur Hilfe.

Beispiel: ist diese Mariage erfolgreich?

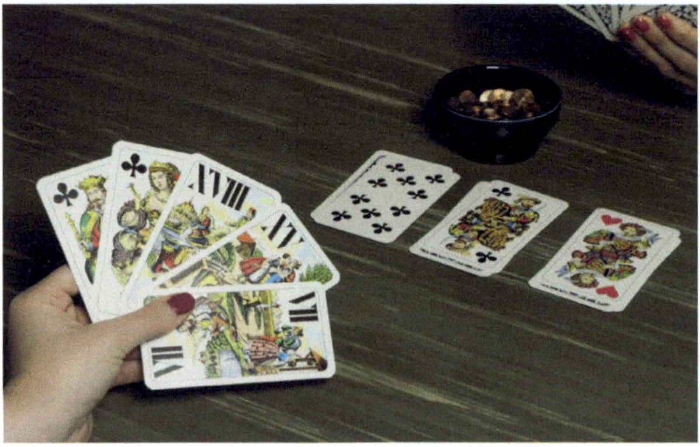

Antwort: Ja, diese Hochzeit wird auf alle Fälle glücklich verlaufen. Dein Gegner besitzt 2 Treffkarten in den Strohmännern, ob er die dritte (den Buben) besitzt, ist eigentlich egal, denn dein Gegner muss dir auf beide Karten deiner Hochzeit eine Treff zugeben.

Und ist diese Mariage erfolgreich?

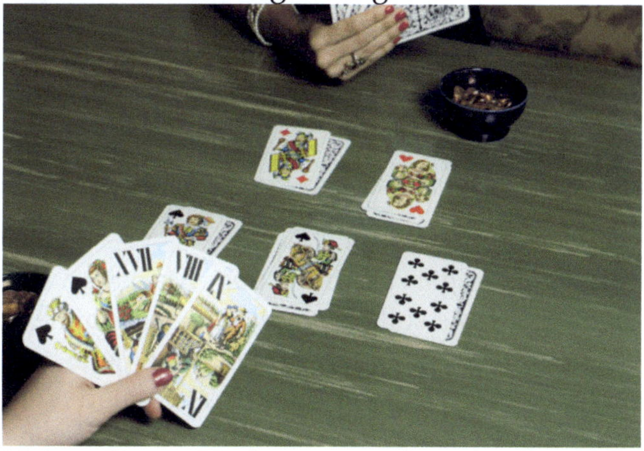

Nein, diese Hochzeit wird auf alle Fälle platzen. Du selbst besitzt in deinen Strohmännern 2 Pikkarten, dein Gegner hat folglich höchstens eine, und selbst die kann sich noch unter seinen Strohmännern verbergen - oder unter deinen eigenen! Dein Gegner wird tarockieren müssen und die Prämie kassieren.

Eine weitere Schwierigkeit besteht darin, den König und seine zugehörige Dame *nacheinander* ausspielen zu müssen. Während man bei anderen Prämienspielen noch einige andere Stiche zwischendurch spielen kann, in der Hoffnung, dass der Gegner eine kritische

Karte wirft oder eine dringend benötigte Strohmannkarte aufgedeckt wird, ist dies bei der Hochzeitsansage nicht der Fall. Daher sollte man die Mariage nicht zu früh, am Anfang des Spieles, aber auch nicht zu spät ansagen, wenn schon zuviele Farbkarten gefallen sind.

Bei der Vulgärvariation der Mariage, der **Ménage à trois** sollte man überdies noch mehr Vorsicht walten lassen. Spielt man jene mit einem zusätzlichen König, sollte man sich ebenfalls sicher sein, dass noch mindestens diese weitere Farbe beim Gegner in irgendeiner Form vorhanden sein sollte. Spielt man allerdings mit einer zusätzlichen Dame, dann sollte man sich genau vergewissern, dass der Gegner den König dieser Farbe nicht bereits früher in seinen Strohmannkarten aufgedeckt hat. Das Mitzählen der Karten muss bei dieser Variante schon geübt sein, es ist aber auch immer eine Portion Glück im Spiel.
Schafft man es jedoch, dann darf man auf seine Prämie stolz sein.

Du merkst: Das Tarockspiel zu zweit ist alles, nur sicherlich nicht langweilig.

Bereits jetzt kannst du Abende mit deinem Spielepartner verbringen, die Freude und Kurzweil sowie Lust und Laune zur Geltung bringen und dir und deinem Gegenüber immer mehr spielerische Perfektion angedeihen lassen.

Alle diese Prämienspiele gelten für das „normale“ Tarockspiel, das am Anfang des Spieles aufgenommen werden kann („Ich mache das Spiel!“) oder auch nicht („Weiter!“). Es gibt aber noch andere Spiele, die man zu Beginn des Spieles lizitieren kann, bei denen dann allerdings die Prämienspiele nicht gelten. Jene nennt man auch „Ansagespiele“.

Kapitel 6: Weitere Spielansagen

Ein berühmtes Ansagespiel heißt „**Trischaken**". Ursprünglich wurde es beim Tarock zu viert erfunden, um einen mutlosen Spieler, den „Staudenhocker", zu bestrafen. Im Strohmanntarock nach Weise der Alfanzerei wird dieses Spiel jedoch zu einem ausgeklügelten, taktischen Spiel. Es darf **nur von der Vorhand**, nicht vom Kartengeber angesagt werden (damit nicht den ganzen Abend nur getrischakt wird.) Ziel des Spieles ist es, **weniger als 44 Punkte** zu bekommen.

Also: 44 - 1 = 43 Punkte. Der Verlierer des Spieles ist also der Gewinner! Ein geübter Trischak-Spieler wird also versuchen, seinen Gegner möglichst hoch stechen zu lassen. Dadurch, dass du Einblick in die Strohmannkarten des Gegners hast, kann man dem Gegenüber so manches Ei legen. Aber es bleibt riskant: Denn du darfst das Spiel ja nur ansagen, *bevor* du deine eigenen Strohmannkarten aufdeckst, und das kann manchmal ziemlich in die Hose gehen, vor allem, wenn sich Sküs, Mond oder Könige darin befinden!

In der Fachliteratur nennt man solche Spiele, in denen man absichtlich verliert, *„Negativspiele"*. Trischaken ist das einzige klassische Negativspiel, das man zu zweit spielen kann. Die Prämie beträgt 50 Cent, verliert man, weil man 44 oder mehr Punkte besitzt, dann bekommt der Gegner 60 Cent. Schafft man es, 33 oder noch weniger Punkte in seinen Stichen zu haben, dann gewinnt man haushoch, bekommt 60 Cent und der Gegner wird „Bürgermeister" genannt. Verliert man aber haushoch und wird selber zum Bürgermeister, indem der Gegner 33 oder weniger Punkte bekommt, dann verliert man 70 Cent. Ist der Bürgermeister vom Beruf wirklich ein Bürgermeister, muss er 10 Cent extra dazu zahlen.

Die Spieltaktik beim Trischaken ist, im Gegensatz zum normalen Spiel, eine komplett andere und wird später detailliert im Kapitel „Taktik" beschrieben. Sämtliche Prämienspiele (wie zum Beispiel Trull etc.) gelten aus gutem Grunde nicht.

Wir schreiben in unserer Tabelle:

Trischaken: gewinnen: 50 Cent, haushoch 60 Cent; verlieren: 60 Cent, haushoch (Bürgermeister) 70 Cent.

Ein weiteres Ansagespiel heißt „**Farberl**" oder „Farbensolo" oder auch „Farbenringerl". Dieses Spiel nimmt Rücksicht darauf, wenn jemand extrem viele Farbkarten, aber kaum Tarockkarten hat: Die **Stichkraft der Tarockkarten gegenüber der Farbkarten wird aufgehoben**, und beide Spieler sind verpflichtet, **zuerst alle Farbkarten** auszuspielen, bevor sie Tarockkarten ausspielen.
Das heißt: Wenn du keine Farbe zugeben kannst, musst du Tarock spielen, die Tarock kann jedoch nicht stechen und wird vom Gegner eingestochen. Wenn dein Gegner einen Stich macht, muss auch er eine Farbkarte ausspielen, solange er eine besitzt. Erst, wenn keine Farbkarten mehr in den Hand- und (offen liegenden) Strohmannkarten sind, wird Tarock ausgespielt. Spielt dein Gegner eine Farbkarte, zum Beispiel ein Herz, aber du besitzt weder diese Farbe, also Herz, noch eine

Tarock, dann kannst du eine beliebige andere Karte zugeben.

Die Farben werden also extrem aufgewertet, und du solltest darauf achten, dass du nicht nur viele, sondern auch zusammenhängende Farben hast. Im Idealfall besitzt du von einer Farbe alle 5 Karten, vom König bis zur Glatze: Diese Stiche gehören alle dir, da sie dein Gegner nicht besitzt und Tarock oder eine andere Karte ausspielen muss, die ja dann dir gehört, weil sie dich nicht stechen kann. Aber auch mit drei hohen Karten einer Farbe bist du auf der sicheren Seite, denn von jeder Farbe (Herz, Karo, Pik und Treff) gibt es ja nur 5 Stück im gesamten Blatt. Mehr dazu im folgenden Kapitel „Taktik“.

Für ein erfolgreiches Farberl bekommt der Spieler 30 Cent, gewinnt er haushoch, dann bekommt er 40 Cent. Verliert er, dann muss er dem Gegner 40 Cent zahlen, verliert er haushoch, dann 50 Cent.

In unserer Tabelle wird vermerkt:

Farberl: gewinnen: 30 Cent, haushoch 40 Cent; verlieren: 40 Cent, haushoch 50 Cent

Bei einigen Tarockspielern ist es nur erlaubt, das Farberl anzusagen, wenn man mindestens 6 Farbkarten im Handblatt besitzt. Bei einigen wenigen Spielern gilt als einziges Prämienspiel der Königstrull, der jedoch beim Farberl nur 10 Cent wert ist; die meisten Tarockierer spielen allerdings gänzlich ohne Prämienspiele.
Es bleibt wie immer ein Risiko, das Farberl anzusagen, denn du weißt nie, was sich in deinen Strohmannkarten befindet! So manches, auf den ersten Blick schönes Blatt wurde durch den Strohmann vernichtet.

In der Literatur findet man noch ein weiteres Ansagespiel, das seit den 1960'er Jahren verbreitet ist. Es ist jedoch so kompliziert, dass sich sehr viele Spieler weigern, es zu spielen. Es malträtiert das Gehirn und man glaubt oft, eher Schach zu spielen als denn ein Kartenspiel, und selbst der Ansager denkt sehr lange vor dem Ausspielen nach. Die Rede ist von „**Renvers**" oder „Reversi".

Hierbei wird die **Stichkraft aller Karten, jedoch nicht ihre Punkte, auf den Kopf gestellt**. Also: die höchste Karte ist der Pagat I, die zweithöchste ist II, die dritthöchste III usw., die niedrigste Stichkraft besitzt der Sküs. Ebenso verhält es sich mit den Farbkarten: Die Glatzen (As/10'er) besitzen die höchste Stichkraft, die zweithöchste ist der Bube undsoweiter und der König wird von allen anderen Farbkarten gestochen. Es wird aber normal gezählt - der König zählt weiterhin 5 Punkte, obwohl er keinerlei Stiche machen kann; die Glatzen stechen alle anderen Farbkarten, zählen aber 0 Punkte! Weil man, wie üblich, 45 oder mehr Punkte bekommen muss, ist es kein wirkliches Negativspiel, obwohl es am ersten Blick wie ein solches aussieht. Man könnte es das „negativste Positivspiel" im Tarock benennen. Spiele dieses Spiel erst, wenn du und dein Gegenüber schon geübte Spieler seid, für Anfänger ist dieses Spiel definitiv nicht geeignet. Diese Spielart wird bewertet mit 40 Cent, gewinnst du haushoch, dann mit 50 Cent, man verliert mit 50 Cent und haushoch mit 60 Cent.

In der Tabelle sieht das dann so aus:

Renvers: gewinnen: 40 Cent, haushoch 50 Cent; verlieren: 50 Cent, haushoch 60 Cent.

Jetzt kommt bei einem vielleicht die Frage auf: **darf man über-rufen?**

Also: Wenn dein Gegner ein normales Spiel lizitiert (20 Cent Gewinn), darf ich dann z.B. ein Farberl (30 Cent Gewinn) rufen und meines spielen, weil es höher bewertet wird? Antwort: **Ja!** Man darf!

Grundsätzlich spielt derjenige das Spiel, der das mit dem höchsten Gewinn lizitiert. Das ist sogar beim Tarock für 3 oder 4 Personen üblich! Nur das Trischaken darf ausschließlich von der Vorhand gerufen werden.

Kapitel 7: In die Karten geschaut - die Taktik, Teil 2

Die Taktik beim TRISCHAKEN

Wer beim Trischaken gewinnen will, muss seinem Gegner fette, punktereiche Stiche gönnen. Hohe Karten sind also unvorteilhaft, niedrige Karten besonders gut. Man sollte also dieses Spiel nur ansagen, wenn man niedrige Karten besitzt. Das Mitzählen der Karten sowie die Kenntnis der Strohmannpakete des Gegners sind daher sehr wichtig. Hat dein Gegenüber einen König aufgedeckt? Dann kannst du ihm einen netten, hohen Stich, möglichst mit einer Dame, gönnen. Was bei einem normalen Spiel eher unvorteilhaft ist, nämlich mehr als 3 Stück einer Farbe zu besitzen, ist beim Trischaken vom Vorteil: Du weißt, dass einige Karten dieser Farbe beim Gegner landen; schaue daher darauf, dass dies die Hohen sind. Besitzt du gleich alle Karten einer Farbe, weißt du, dass dein Gegner diese stechen muss und du kannst sie jederzeit ausspielen, um damit den Gegner in Stich kommen zu lassen.

Die schlechteste Karte ist beim Trischaken der Sküs, der gehört auf alle Fälle dem Besitzer; eine nette Karte ist der Pagat, dem man den Gegner unterjubeln und seinen Punktestand verschlechtern kann. Hast du den Mond, aber keinen Sküs, dann hebe dir den Mond, wenn es möglich ist, auf, um ihn dir vom Sküs fangen zu lassen! Eine weitere Möglichkeit besteht darin, die Rangordnung in den Farbkarten umzudrehen, das heißt: Bist du es zum Besispiel gewohnt, hohe Karten links zu sortieren, dann sortiere sie jetzt rechts! Viele Spieler, die ansonsten sehr zögerlich oder mutlos sind, entwickeln gerade beim Trischaken ein besonderes Talent und eine Selbstsicherheit, die erstaunlich ist.

Die Taktik beim FARBERL

Je mehr zusammenhängende Farbkarten du besitzt, desto mehr Punkte wirst du beim Farberl machen. Am idealsten wären viele hohe Karten einer Farbe, von König bis zur Glatze.

Sieh dir einmal dieses Blatt an:

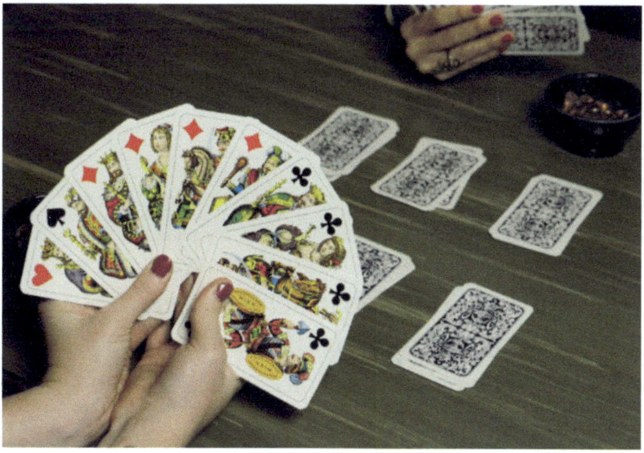

Dir gehören auch die ersten 10 Stiche, du hast hier, wegen der Könige, schon mindestens 20 Punkte, die anderen Karten sind 18 Punkte wert, das sind schon mehr als die Hälfte der Punkte, die du brauchst. Für ein Farberl wäre das ein Traumblatt! An deiner Stelle würde ich es ansagen!

Und folgendes?

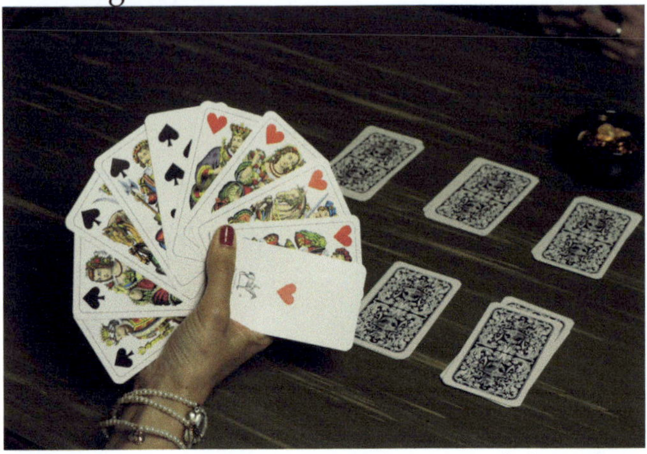

Wenn du so ein Blatt hast, dann sind dir schon einmal die Hälfte der Stiche sicher. Aber der Strohmann..... habe ich dir schon gesagt, dass er unberechenbar ist? Er könnte dir noch Probleme bereiten (oder das Gegenteil). Und von den Punkten her sind es zwar schon 28 Punkte, die dir sicher gehören. Du musst also noch einiges riskieren, aber es wäre schon ein Wagnis wert!

Wenn dein Gegner eine Farbe spielt, die du nicht besitzt, würde ich an deiner Stelle möglichst niedrig tarockieren, um dann, wenn dein Gegner Tarock ausspielt, mit den hohen Tarock Stiche zu machen. Natürlich erst dann, wenn du keine Farbkarten mehr besitzt!

Die Taktik beim RENVERS

Renvers ist das schwierigste Tarockspiel überhaupt. Sehr viele verzweifeln beim ersten Mal und weigern sich, es nochmals zu spielen. Es fordert die gesamte Intellektualität des Spielers und wird für viele als zu anstrengend empfunden.
Beachte, dass die Stichkraft, jedoch nicht die Punktewertung auf den Kopf gestellt sind! Du musst 45 Punkte, aber nicht möglichst viele Stiche bekommen! Spiele daher zuerst die Farbkarten mit hoher Stichkraft aus (As, Bub) und versuche, möglichst niedrig zu stechen (Dame, König), damit du die maximale Punkteanzahl bekommst.

Tarockierst du den Gegner, dann möglichst niedrig (Sküs, Mond). Besitzt du den Pagat, dann ist dieser Stich auf alle Fälle deiner. Grundsätzlich solltest du bei diesem Spiel immer die Punktebewertung, aber nicht die Anzahl der Stiche im Auge behalten.

Unsere beschriebene Spielvariante heißt „Strohmann-Tarock nach der Alfanzerei-Methode“. Sie ist, genau genommen, die Abart einer Unterart des klassischen Strohmann-Tarocks. Und um diese herkömmlichen Spielevarianten des Tarocks für zwei Personen wollen wir uns jetzt kümmern, damit der wissbegierige Leser mit jeglichem Gegenüber, wes Geistes Kind er auch sei, in spielerische Gemeinschaft treten kann.

Anhang: Klassische Tarockvarianten für zwei Spieler

Strohmanntarock nach den üblichen Regeln des „Zwanzigerrufens“

Das Tarockspiel für vier Spieler teilt sich in verschiedene Lager. Wichtig sind für uns die zwei Größten: Das sind diejenigen, die nach den Regeln des „Zwanzigerrufens“ spielen und diejenigen, die nach den Regeln des „Königsrufen“ spielen. Der große Unterschied ist: das „Zwanzigerrufen“ wird mit nur 40 Karten gespielt, so wie wir es obig gelernt haben, das „Königsrufen“ wird mit allen Karten gespielt. Die „Alfanzerei“ ist also eine Unterart des Zwanzigerrufens, da wir „Alfanzerer“ mit lediglich 40 Karten spielen und eine vereinfachte Zählweise bevorzugen. Jedoch besteht im klassischen Zwanzigerrufen der große Unterschied, dass in der herkömmlichen Spielart die **Tarockkarten II und III aussortiert werden!** (und *nicht* die Tarockkarten V und VI)! Die anderen

Farbkarten werden identisch zu den Regeln der Alfanzerei aussortiert.

Das ergibt eine große Spieländerung: Die **4 Vogerl können NICHT gespielt werden**, da ja II und III fehlen! Es kann **lediglich der Pagat ultimiert werden**, also: wenn der Pagat I den letzten Stich macht, bekommt der Spieler 10 Cent.
Die **Vulgärprämien** (Mariage und Ménage à trois) gibt es **NICHT**, ebenso gibt es **KEINEN Rostopschin.**
Von den Prämienspielen bleiben also außer dem Pagat ultimo nur noch die **beiden Trulls** über. Und hier gibt es in der Literatur zwei verschiedene Spielweisen:

Der *„Trull in den Stichen"* und die *„Trullansage"*.

Der Trull in den Stichen wird still gespielt, das heißt: Man besitzt den Trull, sagt aber nichts, sticht ihn heimlich, still und leise ein und am Spielende verkündet man, dass man den Trull in den Stichen habe und kassiert die Prämie. Dies funktioniert auch, wenn man gar nicht alle Trullkarten im Blatt hat und dem Gegner eine erforderliche Karte stiehlt, zum Beispiel:

Ich besitze Sküs und XXI und stehle dem Gegner im Laufe des Spieles den Pagat. Für diese Spielvariante bekommt man für den Trull und, parallel dazu, den Königstrull 10 Cent Prämie.

Es gibt in der Literatur auch die andere, ältere Version der Trullansage, die besagt, man habe den Trull im Blatt, müsse ihn spätestens vor dem Ausspielen der ersten Trullkarte, egal ob man jemanden zugibt oder selbst ausspielt, ansagen und bekommt lediglich für den Besitz 10 Cent Prämie, gleichgültig, ob man diese Trullkarten einsticht oder nicht. Dies gilt ebenso für den Königstrull.

Wenn du mit jemanden „klassisches“ Zwanzigerrufen - Strohmanntarock spielst, kläre dies bitte, bevor das Spiel beginnt, damit es nicht eventuell zu Missverständnissen kommt.

In der Literatur finden wir übrigens noch den **Valat**, der mit (nur) 120 Cent bewertet wird. (Es soll also wirklich irgendwann jemanden gegeben haben, der es geschafft hat, beim Strohmanntarock alle Stiche zu machen!)

Weiters gibt es nur das einfache (beide sagen „Weiter“) und das aufgenommene Spiel („Ich mache das Spiel!“).

Sonst gibt es **keine Spielansagen** *(kein Trischaken, Farberl, Renvers).*

Das einfache Spiel wird mit 10 Cent bewertet, das aufgenommene Spiel mit 20 Cent gewonnen und 30 Cent verloren. Ein „haushohes“ Gewinnen gibt es nicht. So können wir eine Tabelle schreiben:

<u>Spiel ohne Risiko</u> (Beide sagen „Weiter“) : 10 Cent gewonnen; Unentschieden: 0 Cent.

<u>Spiel, angesagt</u>: gewinnen: 20 Cent, verlieren: 30 Cent.

<u>Prämien</u> (gewinnen/verlieren)

Trull – 10 Cent

Königstrull – 10 Cent

Pagat ultimo: 10 Cent

Valat: 120 Cent

Bei den klassischen Tarock-Spielern ist das Stohmann-Tarock als langweilig verrufen. (Ja, warum wohl....?) Um ein bisschen mehr Stimmung in das Spiel zu bringen, werden bei einigen Spielern beim Geben die Zahl der Handkarten reduziert: In der Literatur findet sich die Version mit 8 Handkarten, also gibt der Geber 5 Stöße zu je vier Karten: zwei mal vier Karten sind Handkarten, 3 mal 4 Karten sind der Strohmann. In einer anderen Variante bekommt jeder Spieler überhaupt nur 2 Handkarten und 3 Pakete mit je 6 Strohmannkarten. Bei letzterer Version ist das Aufnehmen des Spiels überhaupt nur noch eine reine Glückssache.

Strohmanntarock nach den üblichen Regeln des „Königrufens“

Die Regel des Königrufens ist die ursprünglichste Variante und benutzt alle 54 Karten. Es werden also auch die Pik und Treff 9, 8 und 7 sowie die Herz und Karo 2, 3 und 4 verwendet. Diese Karten, inklusive der Assen und Zehner, heißen nicht mehr „Glatzen“, sondern „Skartindeln“. Ebenso werden alle 22 Tarockkarten verwendet.

Es werden jedem Spieler 3 mal 5 Handkarten sowie 3 mal 4 Strohmannkarten gegeben. (Eselsbrücke: 5-5, 5-5, 5-5, 4-4, 4-4, 4-4)

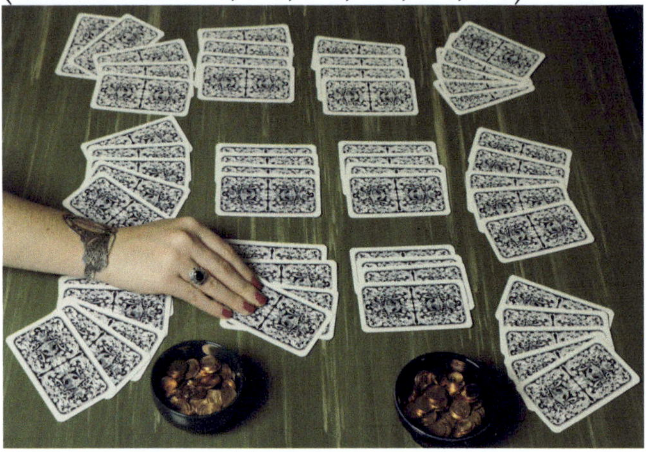

Sind die Karten gegeben, nimmt nun einer der Spieler, beginnend bei der Vorhand, das Spiel auf („Ich mache das Spiel"), oder nicht („ich passe").

In alten Büchern ist die Regel vermerkt, dass, falls keiner der Spieler das Spiel aufnimmt, die Karten zusammengeworfen werden und der nächste Spieler gibt. In modernen Regelbüchern ist die Möglichkeit eines einfachen Spiels (beide sagen „Weiter!") erlaubt. Es kann in diesem Falle zu einem

Unentschieden kommen, bei dem die nächste Runde doppelt zählt.

Die Strohmannkarten werden nach den altbekannten Regeln aufgedeckt, es gelten Farb- und Tarockierzwang. Bei den Prämien gelten **Trull** und **Königstrull**, in der Literatur finden sich die zwei obig beschriebenen Variationen: „Trull in den Stichen" und „Trullansage", dies gilt ebenso für den Königstrull. Kläre bitte vor dem Spiel, welche Variante du spielst; belohnt werden diese mit jeweils 10 Cent Prämie.

Als weitere Prämie finden sich die **4 Vogerln**, die mit jeweils 10 Cent belohnt werden. Ebenso ein **Valat** mit 120 Cent Prämie. Alle anderen Prämien- und Ansagespiele gelten nicht.

Unsere „Königsrufer-Tabelle" sieht also so aus:

Spiel ohne Risiko (Beide sagen „Weiter") : 10 Cent gewonnen; Unentschieden: 0 Cent.

Spiel, angesagt: gewinnen: 20 Cent, verlieren: 30 Cent.

Prämien (gewinnen/verlieren)
Trull – 10 Cent
Königstrull – 10 Cent
4 Vogerl – je 10 Cent
Valat: 120 Cent

Ein großer Unterschied liegt in der Kartenvielfalt: es gibt von jeder Farbe 8 Karten und wesentlich weniger Tarock- als Farbkarten. Man kann es also öfters riskieren, eine hohe Farbkarte zu spielen, denn die Wahrscheinlichkeit, dass der Gegner dieselbe Farbe besitzt, ist wesentlich höher. Die Spieltaktik ist also anders als die der Alfanzerei.

Weil jedoch so viele Karten verwendet werden, kommt es zu einer anderen, viel **komplizierteren Zählweise** der Stichpunkte:

Sküs, Mond und Pagat: 5 Punkte

Alle anderen Tarockkarten: 1 Punkt sowie:

Könige: 5 Punkte

Damen: 4 Punkte

Cavalle: 3 Punkte

Buben: 2 Punkte

Karo und Herz Assen, 2, 3 und 4 sowie Pik und Treff 10, 9, 8 und 7 („Skartindeln") : je 1 Punkt.

Bis hierher ist es ja noch lustig. Aber jetzt musst du von **JEWEILS 3 KARTEN 2 PUNKTE ABZIEHEN!**

Das bedeutet für dich: Du nimmst deine Stiche, legst die ersten 3 Karten auf, zählst die Punkte zusammen und ziehst zwei Punkte ab. Als Beispiel:

Bub + König + Tarock XV

2 Punkte + 5 Punkte + 1 Punkt = 8 Punkte - 2 Punkte = 6 Punkte

oder:
Ass + Tarock VII + Tarock V

1 Punkt + 1 Punkt + 1 Punkt = 3 Punkte - 2 Punkte = 1 Punkt.

Am Besten ist es, du legst die Karten in Dreierlagen auf, zählst, ziehst 2 ab, addierst zu dieser Zahl die nächsten drei Karten, ziehst 2 davon ab, addierst die nächsten drei Karten dazu, ziehst 2 ab.... und jetzt wirst du fragen: Warum?

Eigentlich ist eine Karte gar nicht so viel wert, wie wir sie gezählt haben. Also: Eine Skartindel oder eine einfache Tarock-Karte ist nicht 1 Punkt, sondern ein drittel Punkt wert. Ein König ist nicht 5, sondern 4 und ein drittel Punkte wert. Eine Dame ist nicht 4, sondern 3 und ein drittel Punkte wert. Und so weiter. Die Zählmethode mit den drei Karten und 2 Punkte abziehen ist daher die *einfachste* von allen. Du kannst natürlich auch in Dritteln rechnen.
Obwohl es seltsam klingt: Du würdest öfters verlieren, wenn du nicht immer 2 Punkte von 3 Karten abzögest.

Denn:

Zum Gewinnen brauchst du **35 Punkte und zwei 1-Punkte Karten,**

genaugenommen 35 und zwei drittel Punkte. Im normalen Spiel sagen wir daher „35/2". Nehmen beide Spieler das Spiel nicht auf und beide sagen „Weiter", und keiner schafft 35/2 Punkte, dann gilt ein Unentschieden. Nimmst du das Spiel auf und schaffst nur 35 Punkte mit einer 1-Punktekarte, dann hast du verloren!

Übrigens: Diese Zählmethode ist uralt. Als die Erde noch flach war, spielte man Dreiertarock (mit noch mehr Karten) und zählte zu jeden Stich einen Punkt dazu, auch wenn er Null Punkte wert war - daher die Dritteln. Diese Zählweise wurde vom heutigen, klassischen „Königsrufen" übernommen und vereinfacht. Wir brauchen sie auch für unser nächstes Spiel:

Das „Kosakeln“ - eine Variante ohne Strohmänner

Beim „Kosakeln“ handelt es sich um eine Variante des Tarockspiels zu dritt, des „Point“-Tarocks, für zwei Spieler. Es gibt also keine Strohmänner und die Karten werden komplett anders gegeben. Beim Kosakeln werden alle 54 Karten wie beim Königsrufen benutzt und es gilt auch dieselbe oben beschriebene Zählweise. Ziel dieses Spiels ist also ebenfalls, 35/2 Punkte zu bekommen, um zu gewinnen.

Am Anfang wird ausgelost, wer mischt. Der Kartengeber mischt, lässt abheben und legt zuerst 6 Karten verdeckt auf die Seite. Am besten stellt man einen Salzstreuer oder ähnliches darauf. Diese sind der „Kosaken-Talon“, er darf nicht angesehen werden. Danach wird der Vorhand 4 Karten verdeckt gegeben, und sich selber 4 Karten. Wiederum bekommt die Vorhand 4 Karten und der Geber 4 Karten. Diese 8 Karten sind Handkarten. Danach wird ein Päckchen von 8 Karten der Vorhand und danach dem Kartenausteiler gegeben, jenes ist der persönliche „Stichtalon“, er darf noch nicht angesehen werden. Danach werden wiederum 4 Karten der Vorhand und vier Karten sich selbst, danach nochmals 4 Karten der Vorhand und 4 Karten sich selbst als Handkarten gegeben.

Eselsbrücke: 6 Kosaken, 4-4, 4-4, 8-8 Stichtalon, 4-4, 4-4.

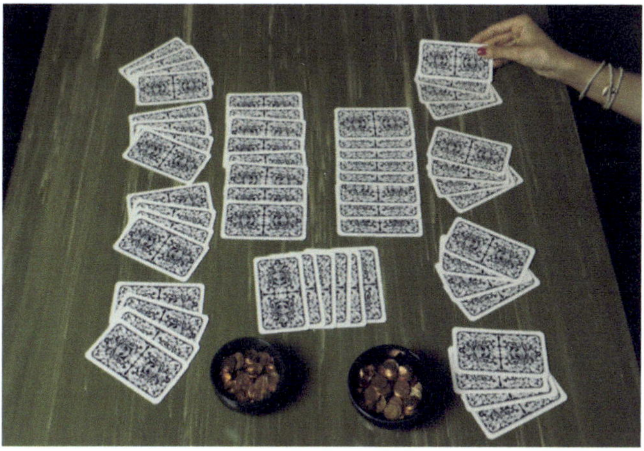

Jetzt schauen sich beide Spieler die 16 Handkarten an. Danach tauschen sie einige Karten mit dem Stichtalon aus, wobei es 4 Spielvariationen gibt:

1 - Die klassische Variante:

Jeder Spieler muss, egal ob er will oder nicht, 8 Karten ablegen, meistens miese, niedrige und den Stichtalon in sein Handblatt aufnehmen. Der abgelegte Stichtalon gilt immer später, beim Zählen, zu seinen Stichen, deswegen heißt er auch so. Jeder Spieler muss Farbkarten ablegen, diese legt er verdeckt ab. Hat er weniger als 8 Farbkarten, dann muss er Tarockkarten ablegen, diese allerdings offen, für den Gegner sichtbar. Also: Hat der Spieler nur 7 Farbkarten, dann muss er diese ablegen und eine offen liegende Tarock. Hat er nur 5 Farbkarten, dann muss er 3 Tarock offen hinlegen. Es ist immer verboten, Trullstücke, also Sküs, Mond und Pagat sowie Könige abzulegen, diese darf er niemals in den Stichtalon ablegen.

2 - Die mittelschwere Variante:

Man muss keine Tarock tauschen, sondern nur Farbkarten (ausgenommen Könige). Sind dies weniger als 8 Karten, dann werden die entsprechende Anzahl von Farbkarten abgelegt, vom Päckchen des Stichtalons oben abgehoben und die restlichen Stichtalonkarten nicht begutachtet, die abgelegten Karten werden auf die verbleibenden Stichtalonkarten aufgelegt. Also: Hast du nur 4 Farbkarten, die kein König sind, dann legst du diese 4 Karten ab, hebst dir 4 Karten ab und legst deine abgelegten auf deinen Stichtalon. Weil du keine Tarock-Karten ablegst, musst du sie auch nicht offen ablegen.

3 - Die lockere Variante:

Du darfst eine beliebige Anzahl von Karten ablegen und von deinem Stichtalon abheben. Es dürfen nur keine Könige oder Trullstücke (Sküs, Mond, Pagat) sein. Du kannst dir also z.B. eine Dame oder mehrere hohe Farbkarten behalten und nur einige niedrige Farbkarten ablegen. Willst du dir also gute, hohe Farbkarten behalten, dann legst du nur niedrige Farbkarten ab. Als Beispiel: Hast du gute Karten, nur 2 niedrige Skartindeln, dann legst du diese 2 Skartindeln weg, hebst dir die obersten 2 Karten deines Stichtalons ab und legst die 2 weggelegten Karten auf deinen Stichtalon.

4 - Die taktische Variante:

Jeder nimmt sich den gesamten Stichtalon in die Handkarten und sortiert danach 8 Karten aus, die weder Trullstücke noch Könige sind (Tarockkarten natürlich wie immer offen). Dieses führt immer zur Verbesserung eines Kartenblattes und macht das Spiel lebendiger und dient der Erhöhung der Taktik. Sie ist nicht die leichteste Variante, obwohl sie auf den ersten Blick so aussehen mag, sondern die ausgeklügeltste!

Einigt euch vor dem Spiel, welche Variation ihr spielen wollt!

Der Stichtalon heißt so, weil diese Karten am Schluss zu dein eigenen Stichen zählen. Egal, welche Variante ihr am liebsten habt: Es dürfen weder Trull- noch Königstrullstücke abgelegt werden!

Danach kommt das Lizitieren.

Man kann vier Grundspiele ansagen, nämlich:

Dreiblatt
Zweiblatt
Einblatt
Solo

Alle diese vier Spielarten sind eine Wette, dass derjenige, der das Spiel ansagt, 35/2 oder mehr Punkte (gemäß der Zählweise des Königsrufens) bekommt. Die Schwierigkeit der Ansage liegt in der Anzahl der vom Kosaken-Talon aufgenommenen Karten.

Dreiblatt: Die obersten drei Karten des Kosaken-Talon werden abgehoben und sichtbar aufgedeckt. Danach werden die übrigen 3 Karten sichtbar aufgedeckt.

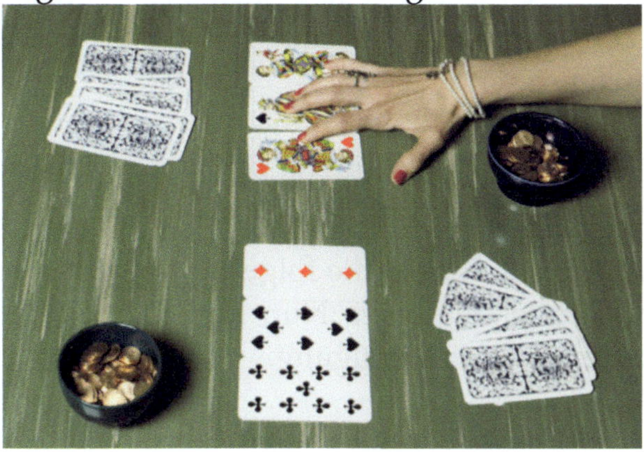

Beide Spieler können und müssen sich den Kosaken-Talon ansehen, um zu wissen, welche Karten sich darin verbergen.

Der Spielaufnehmer entscheidet sich für einen der beiden aufgedeckten Dreierstöße, den er ins Handblatt aufnimmt und dafür drei andere Karten verdeckt auf seinen Stichtalonstoß ablegt. Wie immer dürfen keinerlei Trullstücke und Könige und eine abgelegte Tarockkarte muss sichtbar offen abgelegt werden.

Der Gegner, der das Spiel nicht aufgenommen hat, muss den anderen Kartenstoß nehmen und ihn sofort auf seinen Stichkartentalonstoß geben, sie werden später zu seinen Stichen hinzugezählt.

Zweiblatt: Die obersten zwei Karten werden aufgedeckt, danach die folgenden zwei Karten und die letzten zwei. Nun liegen drei offene Zweiertöße zur Verfügung.

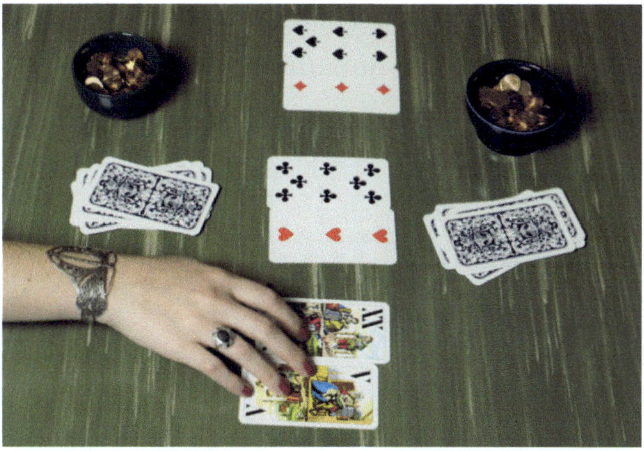

Der Spielaufnehmer entscheidet sich für einen der drei Zweier-Stöße, die er als Talonkarten benutzt, die übrigen Karten werden dem Gegner zu seinem Stichtalon hinzugefügt. Dies ist schon viel riskanter für den Spielaufnehmer, denn der Gegner bekommt 4 Karten zu seinen Stichen hinzugefügt, während er selbst nur 2 Talonkarten zur Verbesserung seines Blattes zum Austausch bekommt.

Einblatt: Die Karten werden einzeln nebeneinander aufgelegt, der Spielaufnehmer entscheidet sich für eine Karte, die er als Talonkarte mit einer seiner Karten tauschen kann, während der Gegner die übrigen 5 zu seinen Stichkarten hinzufügt.

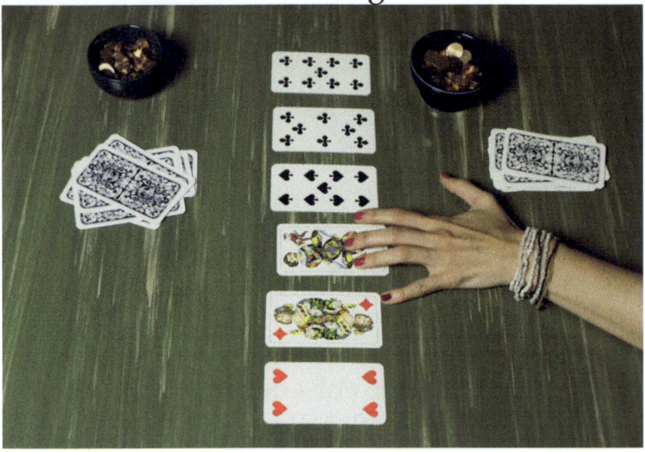

Solo: Der Spielaufnehmer verzichtet komplett auf den Kosakentalon, die Karten werden nicht aufgedeckt und landen, ohne sie begutachtet zu haben, zu den Stichkarten seines Gegners. Sie sind also weder für den Spielaufnehmer noch für seinen Gegner sichtbar.

Natürlich ist das Dreiblatt-Spiel am wenigsten riskant und man bekommt dafür die geringste Prämie, während das Solo-Spiel das am riskantesten und höchten prämierte Spiel ist.

Beim Lizitieren gilt: Der Gegner darf ein Spiel des Gegners überbieten, also z.B. ein Dreiblatt mit einem Zweiblatt (oder höherem). Die Vorhand hat jedoch das Recht, ein Spiel des Gegners zu „halten“, das heißt: statt dem Gegner dessen angesagtes Spiel zu spielen. Sagt der Gegner zum Beispiel: „Dreiblatt“, und die Vorhand „Ich halte“, dann darf die Vorhand das Dreiblatt des Gegners spielen. (Nicht verwechseln: In einigen Stammtischrunden wird „ich halte“ gleichgesetzt mit „Ich halte dein Spiel auf!“, also: „Kontra“. Dies ist beim Kosakeln nicht der Fall!)

Weiters gibt es noch Prämien, von denen wir einige bereits vom Strohmann-Tarock kennen. Es sind dies die 4 Vogerln. Sie können, wie beim Strohmandeln, still gespielt werden, jedoch kann man einzelne Vogerln auch ansagen: Der Pagat ultimo, der Uhu (mit II den vorletzten Stich machen), der Pelikan (mit III den drittletzten Stich machen) und der Quapil (mit IIII den viertletzten Stich machen).

„Haushoch“ gibt es auch, sogar eine weitere Steigerung, jedoch muss dies angesagt werden. „Absolut“ bedeutet: ich mache mehr als 40 Punkte, „Panzer“ bedeutet: ich werde mehr als 50 Punkte bekommen. Ein „Panzer“ ist jedoch immer sehr riskant. Wird „absolut“ oder „Panzer“ nicht angesagt, dann gibt es keine Prämie, auch wenn man die erforderliche Punkteanzahl einsticht. Sagt jemand „absolut“ an und bekommt 35/2 Punkte, aber nicht die erforderlichen 40 Punkte, so hat er das Spiel gewonnen, die Ansage „absolut“ jedoch verloren, diese „Absolut- Prämie“ landet beim Gegner.

Trull und Königstrull werden lediglich für den Besitz mit jeweils 10 Cent bewertet, wenn sie angesagt werden; Trull oder Königstrull in den Stichen werden nicht bewertet. Weitere Prämien muten leicht kurios an: „kein Trull“ oder „keine Könige“ bedeutet, die erforderlichen Punkte ohne Besitz eines Trulls oder eines Königs zu bekommen. Es dürfen niemals Trull- oder Königskarten in auch nur irgendeinen Talon abgelegt werden, tut dies ein Spieler, begeht er Renonce (er schummelt) und sein Gegner hat gewonnen. Wird jemand jedoch gezwungen, eine Trull- oder Königskarte aufzunehmen, wenn er diese

Ansage tätigt, dann verliert er lediglich die Ansage „ohne Trull“ oder „ohne Könige“.

Bis auf das Solo-Spiel kann man alle Spiele auch vor dem (Kosaken-)Talonkauf ansagen. Dann werden diese Spiele wesentlich höher bewertet. Dadurch, dass man beim Solospiel auf den Talonkauf verzichtet, kann man es auch nicht nach dem Talonkauf ansagen.

Die Liste mit den Gewinnen wird daher ein bisschen kompliziert:

Spielansagen:
Dreiblatt 30 Cent
Zweiblatt 60 Cent
Einblatt 90 Cent
Solo 120 Cent
4 Vogerln still, je 30 Cent
Trull, Königstrull je 10 Cent

Prämien für Dreiblattspiel, angesagt:

nach Talonkauf		*vor Talonkauf*
Pagat ultimo	*60 Cent*	*120 Cent*
Uhu	*70 Cent*	*140 Cent*
Pelikan	*80 Cent*	*160 Cent*

Quapil	*90 Cent*	*180 Cent*
Absolut (40)	*10 Cent*	*20 Cent*
Panzer (50)	*30 Cent*	*60 Cent*
ohne Trull	*10 Cent*	*20 Cent*
ohne Könige	*10 Cent*	*20 Cent*

Prämien für Zweiblattspiel, angesagt:

nach Talonkauf		*vor Talonkauf*
Pagat ultimo	*80 Cent*	*160 Cent*
Uhu	*100 Cent*	*200 Cent*
Pelikan	*120 Cent*	*240 Cent*
Quapil	*140 Cent*	*280 Cent*
Absolut (40)	*20 Cent*	*40 Cent*
Panzer (50)	*60 Cent*	*120 Cent*
ohne Trull	*20 Cent*	*40 Cent*
ohne Könige	*20 Cent*	*40 Cent*

Prämien für Einblattspiel, angesagt:

nach Talonkauf		*vor Talonkauf*
Pagat ultimo	*100 Cent*	*200 Cent*
Uhu	*120 Cent*	*240 Cent*
Pelikan00	*140 Cent*	*280 Cent*
Quapil	*160 Cent*	*320 Cent*
Absolut (40)	*30 Cent*	*60 Cent*

Panzer (50)	*120 Cent*	*240 Cent*
ohne Trull	*30 Cent*	*60 Cent*
ohne Könige	*30 Cent*	*60 Cent*

Prämien für Solospiel, angesagt:

Pagat ultimo	*240 Cent*
Uhu	*280 Cent*
Pelikan	*320 Cent*
Quapil	*360 Cent*
Absolut (40)	*90 Cent*
Panzer (50)	*280 Cent*
ohne Trull	*90 Cent*
ohne Könige	*90 Cent*

Wie bereits einige bemerkt haben, lebt das Kosakeln von der Lizitation und der Punktegewinn hängt vom Risiko des Ansagers ab.

Du merkst: Das Tarockspiel zu zweit ist ein buntes, abwechslungsreiches Spiel, das die Langeweile im Nu vertreibt. In vielen Stammtischrunden wird nach eigenen, abweichenden Regeln gespielt, oft findet man Variationen und Spielarten, die aus anderen Spielen stammen und auf das Tarockspiel adaptiert wurden. Denn das Tarockspiel hat sich im Laufe der Jahrhunderte immer wieder weiterentwickelt. Wenn dein Mitspieler einiges anders spielt, als es hier oder in anderen Regelbüchern geschrieben steht, dann ist dies naturgemäß erlaubt; wenn du und dein/e Partner/in andere Wörter und Phrasen benützt (z.B.: zum Sküs Jolly zu sagen), dann soll dies dem heiteren Spiel keinen Abbruch tun. Beim Tarock zu zweit hast du ja nur ein Gegenüber – du kannst dich also besser auf ihn einstellen und flexibler sein als in großen Runden. Dies gilt im besonderen Maße für Ehepaare oder liierte Personen: das wichtigste ist der Spaß an der Freude, wie das Sprichwort so sagt. Im Notfall: lass mal Fünfe grade sein!

ENDE

P.S.:

Wer ein großer Freund des Tarocks ist, wird vielleicht Gefallen bekommen haben, zu dritt oder zu viert Tarock zu spielen. Und juckt es ihm schon genügend unter den Fingern, dann findet er im gut sortierten Buchhandel viele Bücher, von denen oft eines besser als das andere ist. Besonders hervorzuheben sind folgende Werke:

Wolfgang Mayr und Robert Sedlaczek: „Die Strategie des Tarockspiels", Edition Atelier

Wolfgang Mayr und Robert Sedlaczek: „Die Kulturgeschichte des Tarockspiels", Edition Atelier

Johannes Bamberger: „Tarock- Die schönsten Varianten", Verlag Perlen-Reihe

Alfanzerei-Spiele kurz und knapp:

Trull: Sküs, Mond und Pagat einstechen

Königstrull: Alle 4 Könige einstechen

Mondfang: Mit Sküs den Mond fangen

4 Vogerl: IIII, III, II und I am viert-, dritt-, vorletzten und letzten Stich einstechen

Rostopschin: XVII einstechen und XVIII nachspielen, "Rostopschin" dazu sprechen

Mariage: König und Dame einer Farbe hintereinander einstechen

Ménage à trois: König und Dame einer Farbe plus einem König oder einer Dame hintereinander einstechen

Trischaken: 43 Punkte oder weniger

Farberl: Tarock sticht nicht mehr die Farben, Farben müssen zuerst gespielt werden

Renvers: Stichkraft umgedreht, jedoch nicht die Punktezählung

Valat: Alle Stiche machen

Tabelle für Alfanzerei:

Normalspiel ohne Risiko (Beide sagen „Weiter“) : 10 Cent gewonnen; Unentschieden (44 Pkt): 0 Cent.

Normalspiel, angesagt: gewinnen: 20 Cent, haushoch 30 Cent; verlieren: 30 Cent, haushoch 40 Cent.

Prämien (gewinnen/verlieren)

Trull:	*10 Cent*
Königstrull:	*20 Cent*
Mondfang:	*10 Cent*
4 Vogerl:	*je 10 Cent, alle 4: 50 Cent*
Valat:	*160 Cent*
Rostopschin:	*10 Cent*
Mariage:	*10 Cent*
Ménage à trois:	*20 Cent*

Trischaken: gewinnen: 50 Cent, haushoch 60 Cent; verlieren: 60 Cent, haushoch (Bürgermeister) 70 Cent.

Farberl: gewinnen: 30 Cent, haushoch 40 Cent; verlieren: 40 Cent, haushoch 50 Cent

Renvers: gewinnen: 40 Cent, haushoch 50 Cent; verlieren: 50 Cent, haushoch 60 Cent.

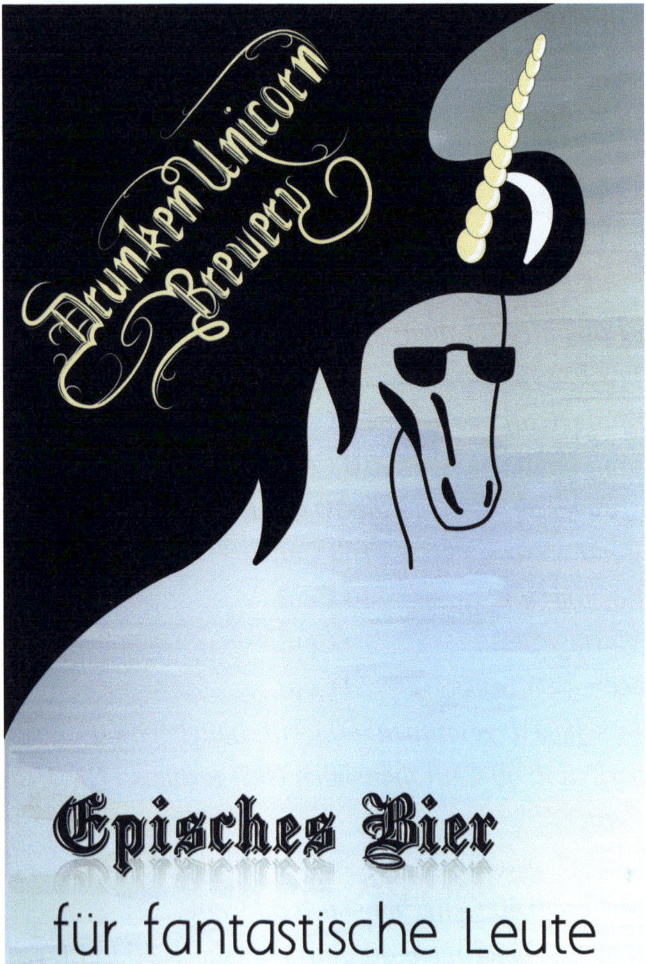
Drunken Unicorn
Brewery
Episches Bier
für fantastische Leute
www.drunkenunicornbrewery.at | www.facebook.com/drunkenunicornbrewery